함께 즐기는 초급 일본어

〈함께 즐기는 초급일본어〉 발간에 즈음하여

이 교재는 일본어 왕초보자를 대상으로 하는 책이고, 2인 이상의 커뮤니케이션을 통해서 일본어를 익히는 활동을 최대한 담았습니다. 왜냐하면

1. 혼자 배우는 것보다 같이 배우는 것이 더 즐겁습니다.
2. 아이디어가 떠올랐을 때, 머리를 맞대면 아이디어가 커집니다.
3. 협력하는 과정에서 몰랐던 자신을 발견할 수도 있습니다.

그래서 학습자 개인에게도, 교실 분위기가 활성화 되기를 원하시는 선생님께도 도움이 되는 교재가 되리라 믿습니다.

저자 일동

〈함께 즐기는 초급일본어〉의 구성과 특징

다양한 활동이 가능한 교재!!

문법 | 회화 | 게임 | 만화 | 듣기 | 그룹활동

만화

오늘 공부할 내용을 한눈에 알 수 있어요.

대화 안에 일본어가 섞여 있지만, 금방 알 수 있을 거에요.

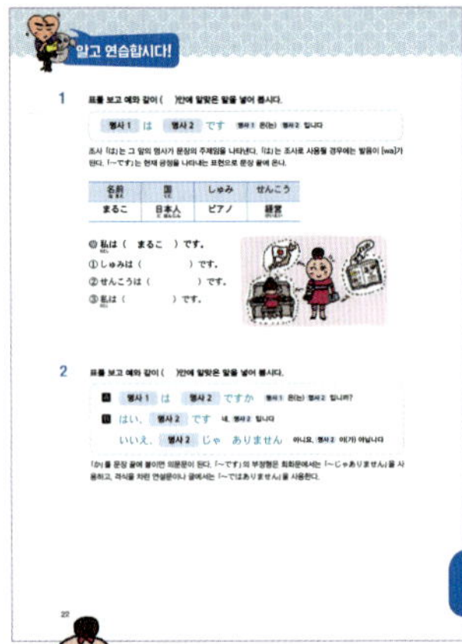

알고 연습합시다!

이것만 알면 OK!
간단한 연습문제를 풀어 보세요.

문제를 푸는 과정을 통해 외울 수 있을 거예요.

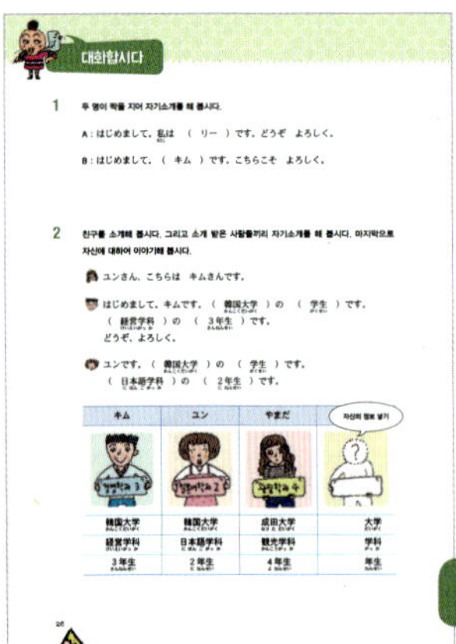

대화합시다

나에 대한 것을 이야기해 보세요.
수업에 대한 집중도가 올라갈 거예요.

친구와 이야기해 보세요.

들어 봅시다

만화 속 회화가 일본어로 되어 있어요.

첫 페이지 만화와 내용이 매우 비슷해서 도움이 될 것 같네요.

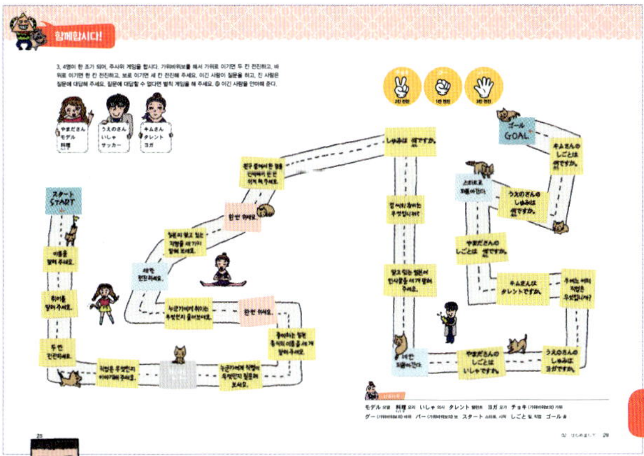

함께합시다!

한 명보다는 여럿이 함께 해결해 보세요.

다른 의견이 나올 수 있겠지만, 해결의 지름길이 될 수도 있어요.

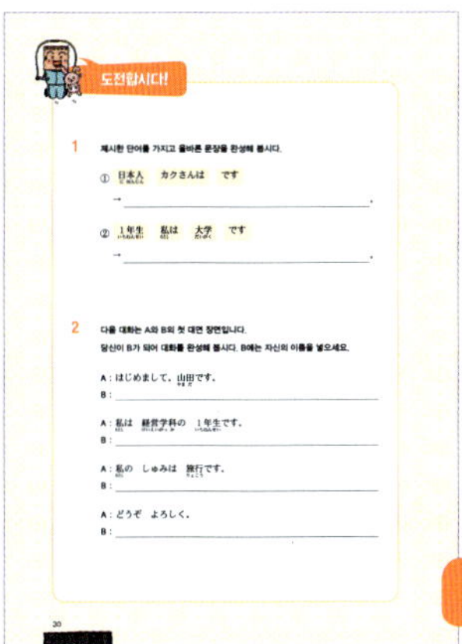

도전합시다!

직접 쓸 수 있는지, 할 수 있는지
도전해 보세요.

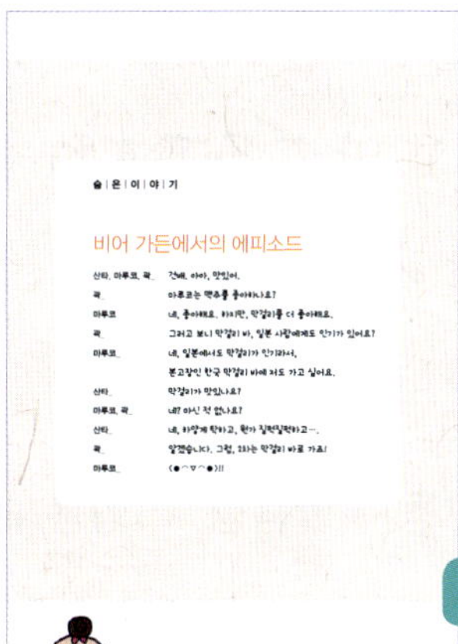

숨은 이야기

4과, 8과, 9과를 보세요.
우리들의 에피소드를 알려 드릴게요.

차례

01 あいうえお

아이우에오

학습 목표

① 일본어 문자인 히라가나, 가타카나를 알 수 있다.

无 ん	和 わ	良 ら	也 や	末 ま	波 は	奈 な	太 た	左 さ	加 か	安 あ
	爲 ゐ	利 り		美 み	比 ひ	仁 に	知 ち	之 し	機 き	以 い
		留 る	由 ゆ	武 む	不 ふ	奴 ぬ	川 つ	寸 す	久 く	宇 う
	恵 ゑ	礼 れ		女 め	部 へ	祢 ね	天 て	世 せ	計 け	衣 え
	遠 を	呂 ろ	与 よ	毛 も	保 ほ	乃 の	止 と	曽 そ	己 こ	於 お

히라가나(ひらがな)

1) 오십음도(50音図)

Track 01

あ a	い i	う u	え e	お o
か Ka	き Ki	く Ku	け Ke	こ Ko
さ Sa	し Shi	す Su	せ Se	そ So
た Ta	ち Chi	つ Tsu	て Te	と To
な Na	に Ni	ぬ Nu	ね Ne	の No
は Ha	ひ Hi	ふ Hu	へ He	ほ Ho
ま Ma	み Mi	む Mu	め Me	も Mo
や Ya		ゆ Yu		よ Yo
ら Ra	り Ri	る Ru	れ Re	ろ Ro
わ Wa				を O
ん n				

2) 탁음(濁音)

Track 02

が Ga	ぎ Gi	ぐ Gu	げ Ge	ご Go
ざ Za	じ Zi	ず Zu	ぜ Ze	ぞ Zo
だ Da	ぢ Zi	づ Zu	で De	ど Do
ば Ba	び Bi	ぶ Bu	べ Be	ぼ Bo

3) 반탁음(半濁音)

Track 03

ぱ Pa	ぴ Pi	ぷ Pu	ぺ Pe	ぽ Po

4) 요음(拗音)

Track 04

き ゃ **큰 문자 + 작은 문자**

큰 문자「き, ぎ, し, じ, ち, に, ひ, び, ぴ, み, り」에 작은 문자「ゃ, ゅ, ょ」를 합치면 발음은 1박자가 된다.

きゃ Kya	きゅ Kyu	きょ Kyo	ぎゃ Gya	ぎゅ Gyu	ぎょ Gyo
しゃ Sha	しゅ Shu	しょ Sho	じゃ Ja	じゅ Ju	じょ Jo
ちゃ Cha	ちゅ Chu	ちょ Cho			
にゃ Nya	にゅ Nyu	にょ Nyo			
ひゃ Hya	ひゅ Hyu	ひょ Hyo	びゃ Bya	びゅ Byu	びょ Byo
			ぴゃ Pya	ぴゅ Pyu	ぴょ Pyo
みゃ Mya	みゅ Myu	みょ Myo			
りゃ Rya	りゅ Ryu	りょ Ryo			

예

ちゃ 차
♩

しゃぶしゃぶ 샤브샤브
♩ ♩ ♩ ♩

きゃ！ 캬!(비명)

ちゅ！ 츄

5) 장음(長音)

Track 05

ばあ 앞 문자 발음을 길게 하기

뒤의 문자에는「あ, い, う, え, お」가 온다.

예

おばあさん 할머니

♩ 𝅗𝅥 ♩♩

おばさん 아주머니

♩♩♩♩

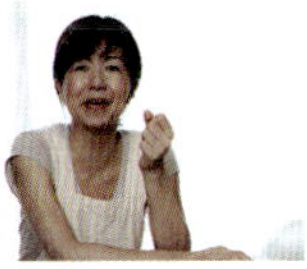

이렇게 해 보세요

① 앞 문자 모음이 뒤 문자와 같을 경우는 앞 문자 발음을 길게 발음한다. Track 06

예

おじいさん 할아버지

ふうふ 부부

② 앞 문자가「え단」일 경우는 뒤의 문자가「い」가 와도 앞 문자의 발음을 길게 한다.

예

えいご 영어

せんせい 선생님

③ 앞 문자가「お단」일 경우는 뒤의 문자가「う」가 와도 앞 문자의 발음을 길게 한다.

예

おとうさん 아버지

こうこう 고등학교

6) 촉음(促音)

Track 07

おっと **큰 문자 뒤에 오는 작은「っ」**

큰 문자 뒤에 오는 작은「っ」는 1박자이고, 큰 문자「つ」와는 다르게 발음한다.

예

おっと 남편  おと 소리 

っ

발음	「っ」뒤에 오는 문자	예	
k	か행	がっこう 학교	
s	さ행	まっすぐ 똑바로	
t	た행	きって 우표	
p	ぱ행	いっぱい 많이	

7) 발음(撥音)

🔊 Track 08

ん

「ん」은 1박자이고, 뒤에 오는 문자에 따라 발음이 달라진다.

발음	「ん」 뒤에 오는 문자	예
n	さ・ざ・た・だ・な・ら행	うんどう 운동 
m	ぱ・ば・ま행	えんぴつ 연필 
N	あ・は・や・わ행, 단어 끝에 올 때	うどん 우동 
ŋ	か・が행	かんこく 한국 

가타카나(カタカナ)

1) 오십음도(50音図)

Track 09

ア a	イ i	ウ u	エ e	オ o
カ Ka	キ Ki	ク Ku	ケ Ke	コ Ko
サ Sa	シ Shi	ス Su	セ Se	ソ So
タ Ta	チ Chi	ツ Tsu	テ Te	ト To
ナ Na	ニ Ni	ヌ Nu	ネ Ne	ノ No
ハ Ha	ヒ Hi	フ Hu	ヘ He	ホ Ho
マ Ma	ミ Mi	ム Mu	メ Me	モ Mo
ヤ Ya		ユ Yu		ヨ Yo
ラ Ra	リ Ri	ル Ru	レ Re	ロ Ro
ワ Wa				ヲ O
ン n				

2) 탁음(濁音)

Track 10

ガ Ga	ギ Gi	グ Gu	ゲ Ge	ゴ Go
ザ Za	ジ Zi	ズ Zu	ゼ Ze	ゾ Zo
ダ Da	ヂ Zi	ヅ Zu	デ De	ド Do
バ Ba	ビ Bi	ブ Bu	ベ Be	ボ Bo

3) 반탁음(半濁音)

Track 11

パ Pa	ピ Pi	プ Pu	ペ Pe	ポ Po

4) 요음(拗音)

Track 12

シ ュ **큰 문자 + 작은 문자**

큰 문자「キ, ギ, シ, ジ, チ, ニ, ヒ, ビ, ピ, ミ, リ」에 작은 문자「ャ, ュ, ョ」를 합치면 발음은 1박자가 된다.

キャ Kya	キュ Kyu	キョ Kyo	ギャ Gya	ギュ Gyu	ギョ Gyo
シャ Sha	シュ Shu	ショ Sho	ジャ Ja	ジュ Ju	ジョ Jo
チャ Cha	チュ Chu	チョ Cho			
ニャ Nya	ニュ Nyu	ニョ Nyo			
ヒャ Hya	ヒュ Hyu	ヒョ Hyo	ビャ Bya	ビュ Byu	ビョ Byo
			ピャ Pya	ピュ Pyu	ピョ Pyo
ミャ Mya	ミュ Myu	ミョ Myo			
リャ Rya	リュ Ryu	リョ Ryo			

★ 가타카나의 특수한 요음으로, 「ウォン(원:한국 화폐단위)」이나 「カフェ(카페)」 등과 같이 「ア, イ, エ, オ」를 작게 써서 발음하는 것도 있다.

예

シュート 슛 

コンピュータ(ー) 컴퓨터 

5) 장음(長音)

Track 13

ケ　ー　キ

「ー」로 표기하고 앞 문자 발음을 길게 하기

예

ケーキ 케이크

コーヒー 커피

6) 촉음(促音)

Track 14

ベ　ッ　ド

큰 문자 뒤에 오는 작은「ッ」

큰 문자 뒤에 오는 작은「ッ」는 1박자이고, 큰 문자「ツ」와는 다르게 발음한다.

예

ベッド 침대

インターネット 인터넷

7) 발음(撥音)

Track 15

ン

1박자이고, 뒤에 오는 문자에 따라 발음이 달라진다.

예

レンジ 전자렌지

ボクシング 복싱

함께합시다!

1 그림에 맞는 단어를 빈칸에 일본어(히라가나)로 써 봅시다.

I Nu

Ne Ko

O Sa Ke

Se N Se I

Ga Ku Se I

O Me De To U

Su Mi Ma Se N

A Ri Ga To U

Go Za I Ma Su

2 그림에 맞는 단어를 빈칸에 일본어(가타카나)로 써 봅시다

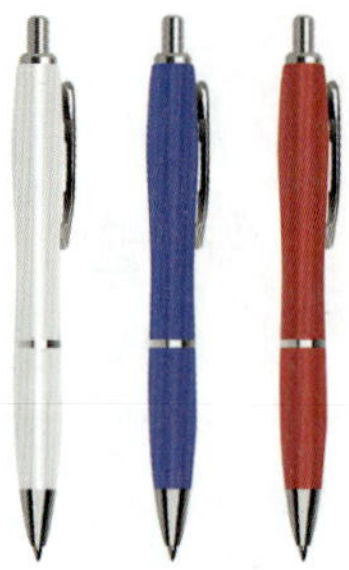

Pe N

No — To

Su Ma Ho

Pa So Ko N

Ko — Hi —

Sa ッ Ka —

Ju — Su

Sha Tsu

Jo N Ha — To

02 はじめまして

처음 뵙겠습니다

학습 목표

① 인사를 할 수 있다.
② 취미나 전공에 대해서 이야기할 수 있다.

알고 연습합시다!

1 표를 보고 예와 같이 (　)안에 알맞은 말을 넣어 봅시다.

명사 1 は **명사 2** です　명사 1 은(는) 명사 2 입니다

조사 「は」는 그 앞의 명사가 문장의 주제임을 나타낸다. 「は」는 조사로 사용될 경우에는 발음이 [wa]가 된다. 「～です」는 현재 긍정을 나타내는 표현으로 문장 끝에 온다.

名前(なまえ)	国(くに)	しゅみ	せんこう
まるこ	日本人(にほんじん)	ピアノ	経営(けいえい)

예 私(わたし)は（　まるこ　）です。

① しゅみは（　　　　　）です。

② せんこうは（　　　　　）です。

③ 私(わたし)は（　　　　　）です。

2 표를 보고 예와 같이 (　)안에 알맞은 말을 넣어 봅시다.

A **명사 1** は **명사 2** ですか　명사 1 은(는) 명사 2 입니까?

B はい、**명사 2** です　네, 명사 2 입니다

いいえ、**명사 2** じゃ ありません　아니요, 명사 2 이(가) 아닙니다

「か」를 문장 끝에 붙이면 의문문이 된다. 「～です」의 부정형은 회화문에서는 「～じゃありません」을 사용하고, 격식을 차린 연설문이나 글에서는 「～ではありません」을 사용한다.

名前(なまえ)	国(くに)	しゅみ	大学(だいがく)
カク	韓国人(かんこくじん)	サッカー	韓国大学(かんこくだいがく)

예 A：カクさんは　（　学生(がくせい)　）ですか。

B：はい、（　学生(がくせい)　）です。

いいえ、（　学生(がくせい)　）じゃ　ありません。

① A：カクさんは　（　韓国人(かんこくじん)　）ですか。

B：はい、（　　　　）です。

② A：カクさん、しゅみは（　ピアノ　）ですか。

B：いいえ、（　　　　）じゃ　ありません。

（　　　　）です。

| 신출어휘 |

名前(なまえ) 이름　**国(くに)** 나라, 국가　**しゅみ** 취미　**せんこう** 전공　**日本人(にほんじん)** 일본인　**ピアノ** 피아노　**経営(けいえい)** 경영
私(わたし) 저, 나　**大学(だいがく)** 대학　**韓国人(かんこくじん)** 한국인　**サッカー** 축구　**韓国大学(かんこくだいがく)** 한국 대학　**学生(がくせい)** 학생

3 아래의 표를 참고로 ( ) 안에 숫자를 히라가나로 써 봅시다.

작은 숫자

0	1	2	3	4	5	6	7	8	9	10
ゼロ・れい	いち	に	さん	し・よん	ご	ろく	しち・なな	はち	く・きゅう	じゅう

学年(がくねん)(학년) : 1年生(いちねんせい)(1학년) · 2年生(にねんせい)(2학년) · 3年生(さんねんせい)(3학년) · 4年生(よねんせい)(4학년) / 何年生(なんねんせい)(몇 학년)

まるこさん의 전화번호는 010−1234−5678입니다.

0 1 0 − 1 2 3 4 −

(ゼロ) ( ) (ゼロ) の ( ) ( ) ( ) ( ) の

5 6 7 8

( ) ( ) ( ) ( )

4 표를 보고 예와 같이 ( )안에 알맞은 말을 넣어 봅시다.

명사 1 の 명사 2 です 명사 1 의 명사 2 입니다

「の」 앞의 명사가 뒤에 오는 명사를 수식해서 한정한다.
또는 앞의 명사와 뒤의 명사 사이에 「の」가 들어가는 경우도 있다.

大学(だいがく)	せんこう	しゅみ
韓国大学(かんこくだいがく)	経営(けいえい)	旅行(りょこう)

예 サンタさんの (大学(だいがく)) は (韓国大学(かんこくだいがく)) です。

① サンタさんの ( ) は (旅行(りょこう)) です。

② サンタさんの ( ) は ( ) です。

5 보기를 보고 예와 같이 (　　)안에 알맞은 말을 넣어 봅시다.

명사 は 何(なん)ですか　명사 은(는) 무엇입니까?

보기

音楽(おんがく)

リン

読書(どくしょ)

ソラ

サッカー

キム

예 A : リンさんの　しゅみは　何(なん)ですか。

B : （　音楽(おんがく)　）です。

① A : キムさんの　しゅみは　何(なん)ですか。

B : （　　　　　）です。

② A : ソラさんの　しゅみは　何(なん)ですか。

B : （　　　　　）です。

③ A : （　　　　　）さん の　しゅみは　何(なん)ですか。

B : （　　　　　）です。

친구에게 질문해 봅시다.

신출어휘

旅行(りょこう) 여행　何(なん/なに) 무엇　読書(どくしょ) 독서　音楽(おんがく) 음악

대화합시다

1 두 명이 짝을 지어 자기소개를 해 봅시다. Track 16

A : はじめまして。私(わたし)は　（　リー　）です。どうぞ　よろしく。

B : はじめまして。（　キム　）です。こちらこそ　よろしく。

2 친구를 소개해 봅시다. 그리고 소개 받은 사람들끼리 자기소개를 해 봅시다. 마지막으로 자신에 대하여 이야기해 봅시다. Track 17

ユンさん、こちらは　キムさんです。

はじめまして。キムです。（　韓国大学(かんこくだいがく)　）の　（　学生(がくせい)　）です。
（　経営学科(けいえいがっか)　）の　（　3年生(さんねんせい)　）です。
どうぞ、よろしく。

ユンです。（　韓国大学(かんこくだいがく)　）の　（　学生(がくせい)　）です。
（　日本語学科(にほんごがっか)　）の　（　2年生(にねんせい)　）です。

キム	ユン	やまだ	

韓国大学(かんこくだいがく)	韓国大学(かんこくだいがく)	成田大学(なりただいがく)	大学(だいがく)
経営学科(けいえいがっか)	日本語学科(にほんごがっか)	観光学科(かんこうがっか)	学科(がっか)
3年生(さんねんせい)	2年生(にねんせい)	4年生(よねんせい)	年生(ねんせい)

들어 봅시다

다음 대화를 듣고 (　　) 안에 적당한 단어를 넣어 대화를 완성해 봅시다. Track 18

カクさん！

あ、まるこさん。（　　　　）。

カクさん、（　　　　） サンタさんです。

はじめまして、サンタです。どうぞ　よろしく。

はじめまして、カクです。経営学科(けいえいがっか)の（　　　　）です。

サンタさんの　せんこうは（　　　　）。

情報(じょうほう)です。情報学科(じょうほうがっか)の（　　　　）です。

サンタさんは　私(わたし)の（　　　　） 先生(せんせい)です。

まるこさんは　ぼくの（　　　　） 先生(せんせい)です。

신출어휘

はじめまして 처음 뵙겠습니다　**どうぞ** 아무쪼록　**よろしく** 잘 (부탁해요)　**こちらこそ** 저야말로　**こちら** 이쪽, 이 분

経営学科(けいえいがっか) 경영학과　**日本語学科(にほんごがっか)** 일본어학과　**成田大学(なりただいがく)** 나리타 대학　**観光学科(かんこうがっか)** 관광학과　**こんにちは** 안녕하세요

情報(じょうほう) 정보　**情報学科(じょうほうがっか)** 정보학과　**英語(えいご)** 영어　**先生(せんせい)** 선생님　**ぼく** 나(남성어)　**日本語(にほんご)** 일본어

함께합시다!

3, 4명이 한 조가 되어, 주사위 게임을 합시다. 가위바위보를 해서 가위로 이기면 두 칸 전진하고, 바위로 이기면 한 칸 전진하고, 보로 이기면 세 칸 전진해 주세요. 이긴 사람이 질문을 하고, 진 사람은 질문에 대답해 주세요. 질문에 대답할 수 없다면 벌칙 게임을 해 주세요. 예 이긴 사람을 안마해 준다.

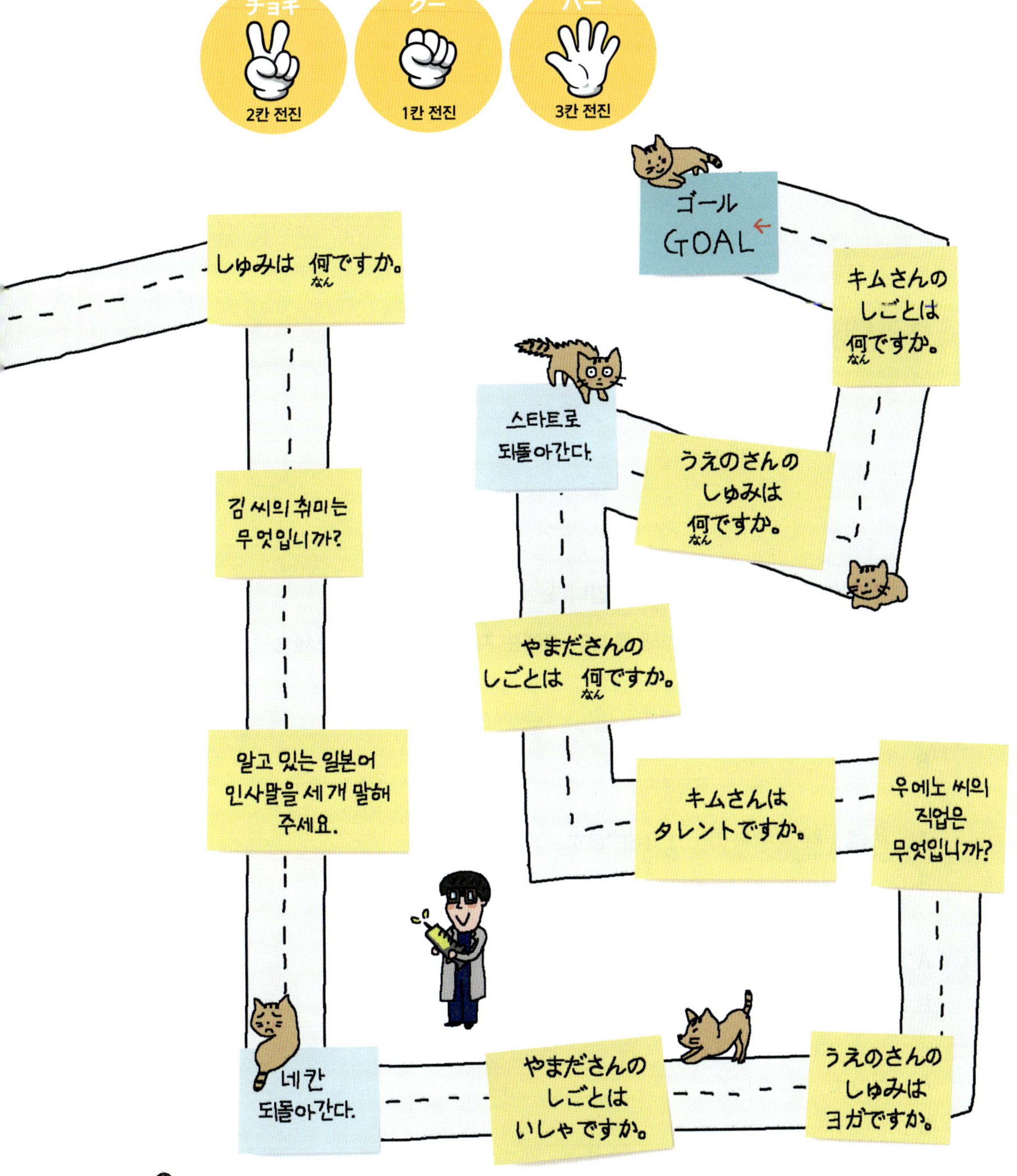

신출어휘

モデル 모델 **料理**(りょうり) 요리 **いしゃ** 의사 **タレント** 탤런트 **ヨガ** 요가 **チョキ** (가위바위보의) 가위
グー (가위바위보의) 바위 **パー** (가위바위보의) 보 **スタート** 스타트, 시작 **しごと** 일, 직업 **ゴール** 골

도전합시다!

1 제시한 단어를 가지고 올바른 문장을 완성해 봅시다.

① 日本人(にほんじん)　カクさんは　です

→ ＿＿＿＿＿＿＿＿＿＿＿＿＿＿＿＿＿＿＿＿。

② 1年生(いちねんせい)　私(わたし)は　大学(だいがく)　です

→ ＿＿＿＿＿＿＿＿＿＿＿＿＿＿＿＿＿＿＿＿。

2 다음 대화는 A와 B의 첫 대면 장면입니다.
당신이 B가 되어 대화를 완성해 봅시다. B에는 자신의 이름을 넣으세요.

A : はじめまして。山田(やまだ)です。
B : ＿＿＿＿＿＿＿＿＿＿＿＿＿＿＿＿＿＿＿＿

A : 私(わたし)は　経営学科(けいえいがっか)の　1年生(いちねんせい)です。
B : ＿＿＿＿＿＿＿＿＿＿＿＿＿＿＿＿＿＿＿＿

A : 私(わたし)の　しゅみは　旅行(りょこう)です。
B : ＿＿＿＿＿＿＿＿＿＿＿＿＿＿＿＿＿＿＿＿

A : どうぞ　よろしく。
B : ＿＿＿＿＿＿＿＿＿＿＿＿＿＿＿＿＿＿＿＿

03 ぼくの 妹(いもうと)です

제 여동생입니다

학습 목표

① 지시사를 사용해서 이야기하거나 질문할 수 있다.
② 가족이 몇 명인지 이야기할 수 있다.
③ 나이에 대해서 이야기할 수 있다.

알고 연습합시다!

1 예와 같이 그림을 보고 ( ) 안에 적당한 일본어를 넣어 봅시다.

> これ・それ・あれは **명사** です　이것·그것·저것 은(는) **명사** 입니다

① (　　　　　) は　ビルです。

② (　　　　　) は　車(くるま)です。

예 (　これ　) は　かさです。

2 예와 같이 그림을 보고 ( ) 안에 적당한 일본어를 넣어 봅시다.

> この・その・あの ＋ **명사 (물건 / 사람)**　이·그·저 + **명사 (물건 / 사람)**

① (　　　　　) ビル

② (　　　　　) 車(くるま)

예 (　この　) かさ

3 예와 같이 그림을 보고 (   ) 안에 적당한 일본어를 넣어 봅시다.

명사 1 の **명사 2** です　명사 1 의 명사 2 입니다

여기서 「の」는 소유를 나타낸다.

예

カクさんの　（　かばん　）です。

①

まるこさんの　（　　　　　　）です。

②

サンタさんの　（　　　　　　）です。

4 예와 같이 그림을 보고 (   ) 안에 적당한 일본어를 넣어 봅시다.

だれの **명사** ですか　누구의 명사 입니까?

소유의 「の」 뒤에 오는 명사는 생략할 수 있다.

예

Q：これは　だれの（ボールペン）ですか。

A：（　それ　）は（　カクさん　）のです。

①

Q：あれは　だれの（　　　　　　）ですか。

A：あれは（　　　　　　）のです。

신출어휘

ビル 빌딩　車(くるま) 자동차　かさ 우산　かばん 가방　ボールペン 볼펜　彼女(かのじょ) 그녀, 여자 친구

5 가족을 소개해 봅시다.

だれですか 누구입니까?

〈자신의 가족〉
〈다른 사람의 가족〉

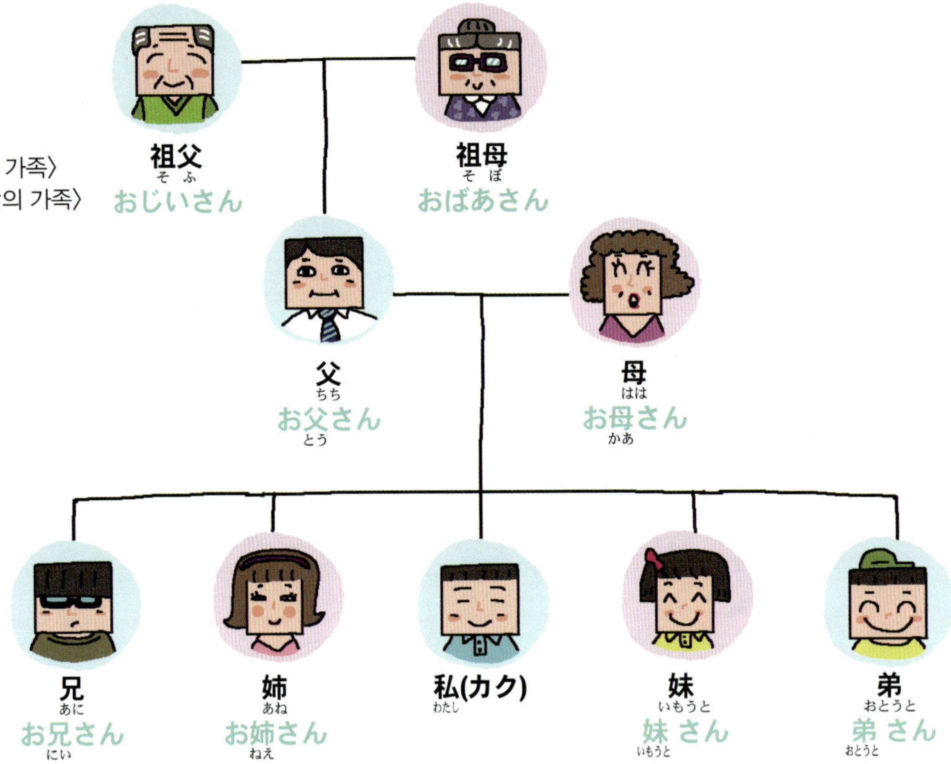

* 일본어는 자신의 가족을 부를 때와 다른 사람의 가족을 부를 때에는 부르는 방법이 다르다.

예

Q : だれですか。

カク : 私(わたし)の（　兄(あに)　）です。

まるこ : カクさんの（ お兄(にい)さん ）です。

①

Q : だれですか。

カク : 私(わたし)の（　　　　　　　　）です。

まるこ : カクさんの（　　　　　　　　）です。

6 예와 같이 자신의 가족 인원수를 써 봅시다.

私(わたし)の　家族(かぞく)は　［ ～人 ］　です　　저희 가족은 ~명 입니다

1명	2명	3명	4명	5명	6명
1人(ひとり)	2人(ふたり)	3人(さんにん)	4人(よにん)	5人(ごにん)	6人(ろくにん)

예 

私(わたし)の　家族(かぞく)は　4人(よにん)です。

① 

私(わたし)の　家族(かぞく)は（　　　　　　　　　　　）です。

② 

私(わたし)の　家族(かぞく)は（　　　　　　　　　　　）です。

③ 

私(わたし)の　家族(かぞく)は（　　　　　　　　　　　）です。

7 자신의 가족에 대해서 예와 같이 설명해 봅시다.

명사 1　と　명사 2　です　　명사 1 과(와) 명사 2 입니다

「と」는 두 개 이상의 명사를 나열할 때에 사용한다.

예 私(わたし)の　家族(かぞく)は　3人(さんにん)です。父(ちち)と　母(はは)と　私(わたし)です。

신출어휘

祖父(そふ)・おじいさん 조부, 할아버지　祖母(そぼ)・おばあさん 조모, 할머니　父(ちち)・お父(とう)さん 아버지　母(はは)・お母(かあ)さん 어머니
兄(あに)・お兄(にい)さん 형, 오빠　姉(あね)・お姉(ねえ)さん 언니, 누나　妹(いもうと)・妹(いもうと)さん 여동생　弟(おとうと)・弟(おとうと)さん 남동생　家族(かぞく) 가족

8 아래의 표를 참고로 예와 같이 (　　) 안에 숫자를 써 봅시다.

큰 숫자(1~100)

1	2	3	4	5
いち	に	さん	し・よん	ご
6	7	8	9	10
ろく	しち・なな	はち	く・きゅう	じゅう
11	12	13	14	15
じゅういち	じゅうに	じゅうさん	じゅうよん	じゅうご
16	17	18	19	20
じゅうろく	じゅうなな じゅうしち	じゅうはち	じゅうきゅう じゅうく	にじゅう
30	40	50	60	70
さんじゅう	よんじゅう	ごじゅう	ろくじゅう	ななじゅう
80	90	100		
はちじゅう	きゅうじゅう	ひゃく		

예 3　(　　さん　　)

① 6　(　　　　)

② 5　(　　　　)

③ 9　(　　　　)

④ 17　(　　　　)

⑤ 21　(　　　　)

⑥ 35　(　　　　)

⑦ 77　(　　　　)

⑧ 169　(　　　　)

9 아래의 표를 참고로 예와 같이 나이를 히라가나로 써 봅시다.

1歳 いっさい	2歳 に さい	3歳 さんさい	4歳 よんさい	5歳 ご さい
6歳 ろくさい	7歳 ななさい	8歳 はっさい	9歳 きゅうさい	10歳 じゅっ さい
11歳 じゅういっさい	12歳 じゅうにさい	13歳 じゅうさんさい	14歳 じゅうよんさい	15歳 じゅうごさい
16歳 じゅうろくさい	17歳 じゅうななさい	18歳 じゅうはっさい	19歳 じゅうきゅうさい	20歳 はたち
21歳 にじゅういっさい	22歳 にじゅうにさい	23歳 にじゅうさんさい	24歳 にじゅうよんさい	25歳 にじゅうごさい
26歳 にじゅうろくさい	27歳 にじゅうななさい	28歳 にじゅうはっさい	29歳 にじゅうきゅうさい	30歳 さんじゅっさい

「20歳」는 「はたち」로 말하는 것이 일반적이다. (색자인 곳의 발음에 주의하세요.)

예 18歳 (じゅうはっさい)

① 1歳 ( )

② 6歳 ( )

③ 10歳 ( )

④ 24歳 ( )

⑤ 20歳 ( )

⑥ 29歳 ( )

⑦ 45歳 ( )

⑧ 99歳 ( )

대화합시다

1 옆 사람에게 가족의 직업과 나이를 물어봅시다. Track 19

A : （　やまださん　）の　せんこうは？

B : （　経営(けいえい)　）です。

A : （　やまださん　）の　おとしは？

B : （　２２(にじゅうに)　）歳(さい)です。

전공의 종류

教育(きょういく)	経済(けいざい)	政治(せいじ)	観光(かんこう)

2 가족에 대해서 소개해 봅시다. Track 20

私(わたし)の　家族(かぞく)は、（　父(ちち)　）と　（　母(はは)　）と　（　妹(いもうと)　）と　私(わたし)の　４人(よにん)です。

（　父(ちち)　）は　（　会社員(かいしゃいん)　）です。（　母(はは)　）は　（　公務員(こうむいん)　）です。

会社員(かいしゃいん)

公務員(こうむいん)

自営業(じえいぎょう)

들어 봅시다

다음 대화를 듣고 （　　） 안에 적당한 단어를 넣어 대화를 완성해 봅시다. Track 21

これ、だれの　スマホですか。

あ、（　　　　　）です。

これは　（　　　　　）家族(かぞく)ですか。

はい、そうです。これは　ぼくの　妹(いもうと)です。１３歳(じゅうさんさい)です。

わ〜、かわいい。

ぼくの　家族(かぞく)は　父(ちち)と　母(はは)と　妹(いもうと)と　ルースです。

ルース？　それは　だれですか。

サンタさんの　弟(おとうと)さんですか。

（　　　　　）じゃ　ありません。

サンタさんの　（　　　　　）ですか。

いいえ、（　　　　　）じゃ　ありません。
ルースは　トナカイです。

신출어휘

おとし 나이　**教育(きょういく)** 교육　**経済(けいざい)** 경제　**政治(せいじ)** 정치　**観光(かんこう)** 관광　**会社員(かいしゃいん)** 회사원　**公務員(こうむいん)** 공무원　**自営業(じえいぎょう)** 자영업
スマホ 스마트폰　**そうです** 그렇습니다　**かわいい** 귀엽다　**ルース** 루스(개 이름)　**トナカイ** 순록, 루돌프

함께합시다!

무인도 게임

무인도에 가면 무엇이 필요할까요?
2~3명이 하나의 그룹이 되어 무인도 게임을 해 봅시다.

활동 방법

① 그룹의 멤버 한 사람씩 오른쪽 페이지의 사진 중에서 필요한 것 하나를 골라 봅시다. (말하지는 마세요.)

② 친구에게 무엇을 선택했는지 예와 같이 물어봅시다. 만약 친구가 선택한 것이 마음에 들지 않으면 서로 상의해서 다른 것으로 바꿔 주세요.

A：それは　ロープですか。
B：いいえ、ロープじゃ　ありません。
A：じゃ、タオルですか。
B：はい、タオルです。

③ 전원 선택한 것을 알았다면, 그 중에서 가장 필요한 것 3개를 정해서 써 봅시다.

1	2	3

水(みず)

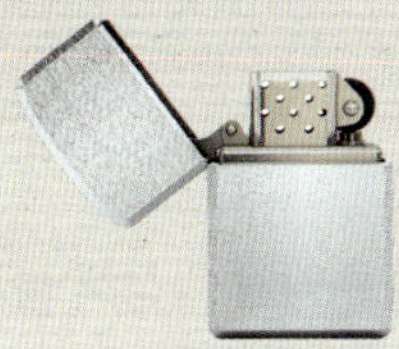

ライター

ビニールシート

テント

服(ふく)

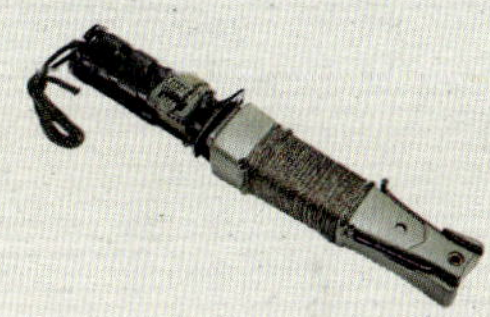

サバイバルナイフ

サバイバルの 本(ほん)

ロープ

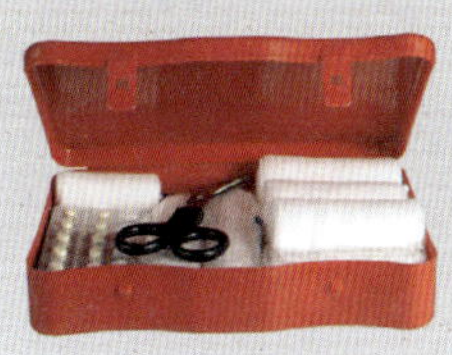

薬(くすり)

タオル

虫(むし)めがね

カップラーメン

신출어휘

じゃ 그럼 **ロープ** 로프, 줄 **タオル** 수건 **水(みず)** 물 **ライター** 라이터 **ビニールシート** 비닐 시트 **テント** 텐트
服(ふく) 옷, 의복 **サバイバルナイフ** 서바이벌 나이프 **サバイバル** 서바이벌 **本(ほん)** 책 **薬(くすり)** 약 **虫(むし)めがね** 돋보기, 확대경
カップラーメン 컵라면

도전합시다!

1 제시한 단어를 가지고 올바른 문장을 완성해 봅시다.

① スマホは　その　です　まるこさんの

→ ________________________________。

② ボールペンは　だれの　この　ですか

→ ________________________________。

③ ボールペン　カクさんの　それは　ありません　じゃ

→ ________________________________。

2 다음 질문에 대답해 봅시다.

① 家族(かぞく)は　何人(なんにん)ですか。

____

② お父(とう)さんの　おとしは？　お仕事(しごと)は？

____

③  これは　だれの　犬(いぬ)ですか。

____

신출어휘

何人(なんにん) 몇 명　**お仕事**(しごと) 일, 직업　**犬**(いぬ) 개

04

何が　好きですか
なに　　す

무엇을 좋아합니까?

학습 목표

① 좋아하는 것, 싫어하는 것에 대해서 이야기할 수 있다.
② 잘하는 것, 못하는 것에 대해서 이야기할 수 있다.

알고 연습합시다!

1-1 아래 그림을 보고, 마루코와 산타가 누구를 좋아하는지 말해 봅시다.

> **명사** が ＋ 好(す)きです・きらいです
> 명사 을(를)　　좋아합니다・싫어합니다
>
> 好(す)き・きらい ＋ じゃ ありません
> 좋아하지 않습니다・싫어하지 않습니다

「好(す)きです・きらいです」에는 조사 「が」가 수반된다.

ハート

まるこ

サンタ

まるこさんは（　　　　　　　　）が（　　　　　　　　）。

サンタさんは（　　　　　　　　）が（　　　　　　　　）。

1-2 표를 보고 예와 같이 말해 봅시다.

	예  猫(ねこ)	①  すし	②  映画(えいが)
	^^	TT	^^
	TT	^^	TT

예 カクさんは（ 猫(ねこ) ）が（ 好(す)きです ）。

サンタさんは（ 猫(ねこ) ）が（ 好(す)きじゃ ありません。きらいです ）。

① カクさんは（　　　　）が（　　　　　　　　　　）。

② サンタさんは（　　　　）が（　　　　　　　　　　）。

2-1 아래 그림을 보고, 마루코가 무엇을 잘하고 무엇을 못하는지 말해 봅시다.

명사 が ＋ 上手(じょうず)です・下手(へた)です
명사 2 을(를) 잘합니다 · 서툽니다

上手(じょうず)・下手(へた) ＋ じゃ ありません
잘하지 못합니다 · 서툴지 않습니다

「上手(じょうず)です・下手(へた)です」에는 조사 「が」가 수반된다.

ピアノ

絵(え)

まるこさんは（　　　　　）が
（　　　　　　　　　　）。
まるこさんは（　　　　　）が
（　　　　　　　　　　）。

2-2 표를 보고 예와 같이 말해 봅시다.

	 예 スキー	 ① 歌(うた)	 ② 料理(りょうり)
	TT	^^	^^
	^^	TT	TT

예 サンタさんは（ スキー ）が（ 上手(じょうず) ）です。
カクさんは（ スキー ）が（ 上手(じょうず)じゃ ありません。下手(へた)です ）。

① カクさんは（　　　　）が（　　　　　　　　　　）。

② サンタさんは（　　　　）が（　　　　　　　　　　）。

신출어휘

猫(ねこ) 고양이　すし 초밥　映画(えいが) 영화　絵(え) 그림　スキー 스키　歌(うた) 노래

3-1 그림을 보고 예와 같이 말해 봅시다.

どんな　～が　好(す)き・きらいですか　어떤 ~을(를) 좋아합니까?・싫어합니까?

お酒(さけ)

食(た)べ物(もの)

예

ワイン

A：どんな（　お酒(さけ)　）が（　好(す)きですか　）。

B：私(わたし)は（　ワイン　）が（　好(す)きです　）。

①

しょうちゅう

A：どんな（　　　　）が（　　　　）。

B：私(わたし)は（　　　　）が（　　　　）。

②

うどん

A：どんな（　　　　）が（　　　　）。

B：私(わたし)は（　　　　）が（　　　　）。

3-2 그림을 보고 예와 같이 스포츠에 대해 말해 봅시다.

どんな　~が　上手(じょうず)・下手(へた)ですか 어떤 ~을(를) 잘합니까?·서툽니까?

예

テニス

A：まるこさんは　どんな　スポーツが（ 上手(じょうず)ですか ）。

B：まるこさんは（　テニス　）が（　上手(じょうず)です　）。

①

スキー

A：カクさんは　どんな　スポーツが　（　　　　　）。

B：カクさんは（　　　　　）が　（　　　　　）。

②

水泳(すいえい)

A：ハートさんは　どんな　スポーツが　（　　　　　）。

B：ハートさんは（　　　　　）が　（　　　　　）。

③

サッカー

A：サンタさんは　どんな　スポーツが　（　　　　　）。

B：サンタさんは（　　　　　）が　（　　　　　）。

신출어휘

お酒(さけ) 술　食(た)べ物(もの) 먹을 것, 음식　ワイン 와인　しょうちゅう 소주　うどん 우동　スポーツ 스포츠　テニス 테니스　水泳(すいえい) 수영

숨 | 은 | 이 | 야 | 기

비어 가든에서의 에피소드

산타, 마루코, 곽_ 건배. 아아, 맛있어.

곽_ 마루코는 맥주를 좋아하나요?

마루코 네, 좋아해요. 하지만, 막걸리를 더 좋아해요.

곽_ 그러고 보니 막걸리 바, 일본 사람에게도 인기가 있어요?

마루코_ 네, 일본에서도 막걸리가 인기라서,
본고장인 한국 막걸리 바에 저도 가고 싶어요.

산타_ 막걸리가 맛있나요?

마루코, 곽_ 네? 마신 적 없나요?

산타_ 네, 하얗게 탁하고, 뭔가 질퍽질퍽하고….

곽_ 알겠습니다. 그럼, 2차는 막걸리 바로 가죠!

마루코_ (●◠▽◠●)!!

들어 봅시다

다음 대화를 듣고 (　　) 안에 적당한 단어를 넣어 대화를 완성해 봅시다. Track 22

カクさん、サンタさん、(　　　　) お酒(さけ)が (　　　　)。

そうですね。しょうちゅう (　　　　) 好(す)きです。

しょうちゅうは　ちょっと…。私(わたし)は　ワインが　好(す)きです。

え、ワインですか。ワインは (　　　　)。

じゃ、ビールは (　　　　)。

ビールですか。好(す)きですよ。

私(わたし) (　　　　) ビールが　好(す)きです。

私(わたし)も　好(す)きです。あ、あれは (　　　　) ですよ。

갑시다!

Let's go.

신출어휘

そうですね 글쎄요　**ちょっと** 좀　**あまり** 그다지, 별로　**ビール** 맥주　**どうですか** 어떻습니까?
ビアガーデン 비어 가든　**〜も** ~도

함께합시다!

1 보기에서 적당한 단어를 골라 (　　) 안에 일본어로 써 봅시다.

보기 ワイン　ビール　ピザ　すし　サッカー　野球(やきゅう)　歌(うた)　料理(りょうり)

맥주
(　　　)

와인
(　　　)

초밥
(　　　)

돈가스
(とんかつ)

お酒(さけ)　　　　食べ物(たもの)

소주
(しょうちゅう)

막걸리
(マッコルリ)

피자
(　　　)

떡복기
(トッポッキ)

야구
(　　　)

축구
(　　　)

영어
(英語(えいご))

スポーツ　　　　その他(ほか)

스노보드
(スノーボード)

농구
(バスケ)

요리
(　　　)

노래
(　　　)

2 자기 체크

왼쪽의 그림 중에서 자신의 경향(좋아하는, 싫어하는, 잘하는, 서툰)에 맞는 모든 것을 골라 빈칸 안에 써 봅시다. 없으면 ×를 하세요.

	お酒(さけ)	食(た)べ物(もの)	スポーツ	その他(ほか)
好(す)き				
きらい				
上手(じょうず)				
下手(へた)				

3 그룹 활동 (인원수 2~4명)

그룹의 멤버에게, 예와 같이 질문하고 그 결과 자신과 그룹의 공통점을 말해 주세요.

예1 ○○さん、○○さんは　どんな　（　スポーツ　）が　好(す)き・きらいですか。

예2 ○○さん、○○さんは　（　やきゅう　）が　好(す)き・きらい・上手(じょうず)・下手(へた)ですか。

＊좋아하는 것이나 잘하는 것이 없으면 「ありません」이라고 대답하세요.

4 활동 결과의 발표

그룹 모두가 좋아하고 싫어하는 것, 잘하고 서툰 것를 한 명씩 선택해서 발표하고 그 이유도 말해 주세요.

예1 私(わたし)の　グループは　＿＿＿＿＿＿＿＿　が　好(す)き・きらいです。

예2 私(わたし)の　グループは　＿＿＿＿＿＿＿＿　が　上手(じょうず)・下手(へた)です。

신출어휘

野球(やきゅう) 야구　ピザ 피자　マッコルリ 막걸리　とんかつ 돈가스　トッポッキ 떡볶이　スノーボード 스노보드　バスケ 농구　その他(ほか) 그 밖　グループ 그룹

도전합시다!

1 제시한 단어를 가지고 올바른 문장을 완성해 봅시다.

① 私(わたし)の　下手(へた)です　料理(りょうり)が　母(はは)は

→ ______________________________。

② どんな　好(す)きですか　サンタさんは　スポーツが

→ ______________________________。

③ 好(す)きじゃありません　日本(にほん)の　カクさんは　映画(えいが)が

→ ______________________________。

2 다음 질문에 대답해 봅시다.

① お酒(さけ)が　好(す)きですか。

____

どんな　お酒(さけ)が　好(す)きですか。

____

② 歌(うた)が　上手(じょうず)ですか。

____

③ どんな　食(た)べ物(もの)が　きらいですか。

____

05 どこに　いますか

어디에 있습니까?

학습 목표

① 「ある／いる」를 구별해서 이야기할 수 있다.
② 어디(위치)에 뭐가 있는지 어디에 누가 있는지 간단하게 말할 수 있다.

알고 연습합시다!

1 그림을 보고 예와 같이 알맞은 말을 넣어 봅시다.

명사 (사물과 식물) が　あります　명사 (사물과 식물) 이(가) 있습니다

명사 (사물과 식물) が　ありません　명사 (사물과 식물) 이(가) 없습니다

「あります」는 물건(사물과 식물)이 존재하는 것을 나타내는 동사이다.

예

テレビ

[○]（　テレビ　）が　（ あります ）。

[×]（　テレビ　）が　（ありません）。

①

時計(とけい) [×]

（　　　　　）が　（　　　　　　　）。

②

花(はな) [○]

（　　　　　）が　（　　　　　　　）。

③

パソコン [×]

（　　　　　）が　（　　　　　　　）。

2 그림을 보고 예와 같이 알맞은 말을 넣어 봅시다.

명사 (사람과 동물) が います 명사 (사람과 동물) 이(가) 있습니다

명사 (사람과 동물) が いません 명사 (사람과 동물) 이(가) 없습니다

「います」는 사람이나 동물이 존재하는 것을 나타내는 동사이다.

예

まるこさん

[○]（ まるこさん ）が （ います ）。

[×]（ まるこさん ）が （ いません ）。

①

カクさん [×]

（　　　　　）が （　　　　　　　　）。

②

犬(いぬ) [○]

（　　　　　）が （　　　　　　　　）。

③

猫(ねこ) [×]

（　　　　　）が （　　　　　　　　）。

신출어휘

テレビ 텔레비전　時計(とけい) 시계　花(はな) 꽃　パソコン 퍼스널 컴퓨터

3 그림을 보고 예와 같이 알맞은 말을 넣어 봅시다.

명사 1 は **명사 2 (장소)** に ありますノいます
명사 1 은(는) 명사 2 (장소) 에 있습니다

말하는 사람과 듣는 사람 양쪽 모두가 아는 대상에 대해서 그것이 존재하는 장소를 나타낸다.

예

上(うえ) 위 下(した) 밑, 아래

中(なか) 안, 속 外(そと) 밖

前(まえ) 앞 後ろ(うしろ) 뒤

横(よこ) 옆

예 パソコンは つくえの （ 上(うえ) ）に あります。

猫(ねこ)は つくえの （ 下(した) ）に います。

① 人(ひと)は 家(うち)の （　　　　　　）に います。

② まるこさんは 車(くるま)の （　　　　　　）に います。

③ ポストは 家(うち)の （　　　　　　）に あります。

④ カクさんは 車(くるま)の （　　　　　　）に います。

4 그림을 보고 예와 같이 알맞은 말을 넣어 봅시다.

A 명사 は どこに ありますか／いますか
명사 1 은(는) 어디에 있습니까?

B 명사 1 は 명사 2 (장소) に あります／います
명사 1 은(는) 명사 2 (장소) 에 있습니다

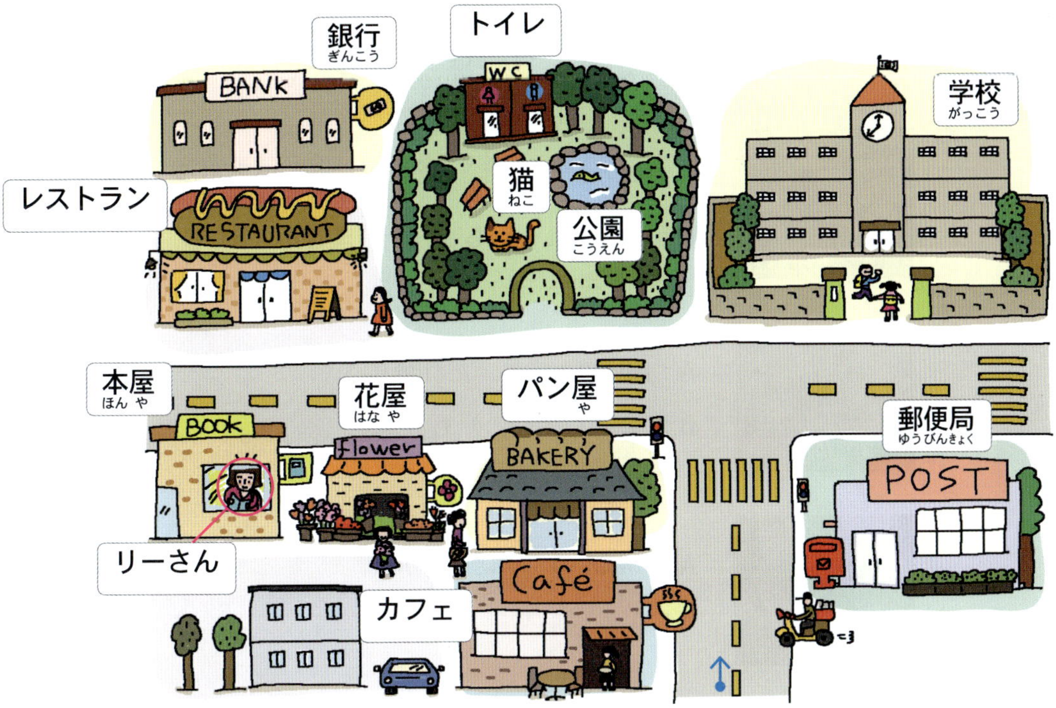

예 A：すみません。銀行(ぎんこう)は どこに ありますか。

B：（ 銀行(ぎんこう) ）は、（ レストラン ）の （ 後ろ(うし) ）に あります。

① A：すみません。（　　　　）は どこに ありますか／いますか。

B：（　　　　）は、（　　　　）の（　　　　）に あります／います。

신출어휘

つくえ 책상　人(ひと) 사람　家(うち) 집　ポスト 우체통　銀行(ぎんこう) 은행　レストラン 레스토랑　トイレ 화장실
公園(こうえん) 공원　学校(がっこう) 학교　本屋(ほんや) 책방, 서점　花屋(はなや) 꽃집　パン屋(や) 빵집　カフェ 카페　郵便局(ゆうびんきょく) 우체국
すみません 실례합니다, 미안합니다

5 그림을 보고 예와 같이 알맞은 말을 넣어 봅시다.

A 何(なに)が ありますか ／ だれが いますか
무엇이 있습니까? 누가 있습니까?

B 何(なに)も ありません ／ だれも いません
아무것도 없습니다 아무도 없습니다

「何(なに)」는 사물을 묻는 의문사이고, 「だれ」는 사람을 묻는 의문사이다. 질문할 때는 조사 「が」를 사용하고, 부정할 때는 조사 「も」를 사용합니다. 동물은 「何(なに)がいますか」로 묻고, 「何(なに)もありません」을 사용한다.

예 

A：カフェの 中(なか)に だれが （ いますか ）。

B：（ だれ ）も （ いません ）。

① 

A：部屋(へや)の 中(なか)に だれが（ ）。

B：（ ）も（ ）。

② 

A：かばんの 中(なか)に 何(なに)が（ ）。

B：（ ）も（ ）。

③ 

A：犬小屋(いぬごや)の 中(なか)に 何(なに)が（ ）。

B：（ ）も（ ）。

들어 봅시다

다음 대화를 듣고 (　　) 안에 적당한 단어를 넣어 대화를 완성해 봅시다. Track 23

あ、まるこさん (　　　　) いますよ。

え？ (　　　　) いますか。

車(くるま)の　横(よこ)に　いますよ。

え？ …車(くるま)の　横(よこ)に (　　　　　　)。

あ、カフェの　前(まえ)です。

カフェ？

あ、まるこさんは　ポストの (　　　　)。

ポスト？　ポストは　どこに (　　　　)。

え？ …ポストは　…カフェの (　　　　)。

カフェの　前(まえ)に (　　　　　　)。

えー？ …サンタさん？？

ハハハ。ぼくの　しりょくは　0.06(れいてんれいろく)です。ハハハ…。

신출어휘

部屋(へや) 방　**犬小屋**(いぬごや) 개집　**ハハハ** 하하하　**しりょく** 시력

함께합시다!

1 주위를 살펴보고, 그룹 멤버와 아래의 문형을 사용해서 빈칸에 알맞은 단어를 넣어 실제 상황에 맞는 문장을 완성해 봅시다.

| 문형 |

[　　　　] は [　　　　] に [　　　　]。

사물 は	장소 の ＿＿＿＿ に	あります ／ ありません います ／ いません
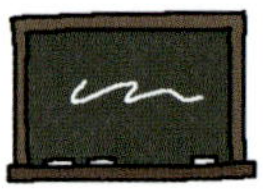 예 こくばんは	教室(きょうしつ)の 中(なか)に	あります。
① ＿＿＿＿＿＿ は	 カフェの ＿＿＿＿ に	＿＿＿＿＿＿＿＿。
 ② 本屋(ほんや)は	＿＿＿＿ の ＿＿＿＿ に	＿＿＿＿＿＿＿＿。
③ ＿＿＿＿＿＿ は	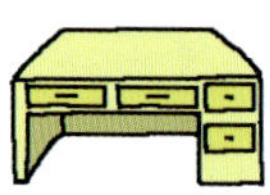 つくえの ＿＿＿＿ に	＿＿＿＿＿＿＿＿。
④ ＿＿＿＿＿＿ は	＿＿＿ と ＿＿＿ の 間(あいだ)に	＿＿＿＿＿＿＿＿。

2 아래의 그림으로부터 좋아하는 것을 골라 자신의 방을 만들어 봅시다. 선택하는 인테리어는 5개에서 8개까지입니다.

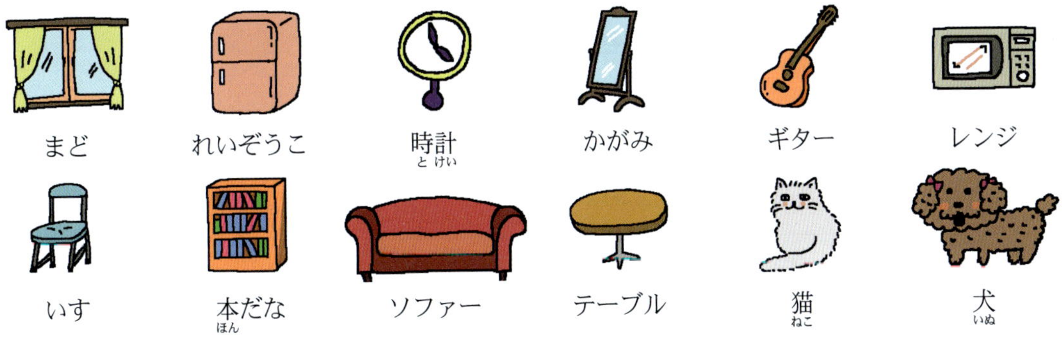

내 방

3 자신의 방에 대해서 예와 같이 설명해 봅시다.

예 猫は　ドアの　前に　います。

① ______________________

② ______________________

③ ______________________

④ ______________________

신출어휘

こくばん 칠판　教室 교실　間 사이　まど 창문　れいぞうこ 냉장고　かがみ 거울　ギター 기타
レンジ 전자렌지　いす 의자　本だな 책장　ソファー 소파　テーブル 테이블　ドア 문

도전합시다!

1 제시한 단어를 가지고 올바른 문장을 완성해 봅시다.

① いますか　どこに　犬(いぬ)は

→ ＿＿＿＿＿＿＿＿＿＿＿＿＿＿＿＿＿＿＿＿＿＿。

② 車(くるま)の　いません　だれも　中(なか)に

→ ＿＿＿＿＿＿＿＿＿＿＿＿＿＿＿＿＿＿＿＿＿＿。

③ けしゴムは　間(あいだ)に　本(ほん)と　あります　さいふの

→ ＿＿＿＿＿＿＿＿＿＿＿＿＿＿＿＿＿＿＿＿＿＿。

2 다음 질문에 대답해 봅시다.

① 大学(だいがく)に　カフェが　ありますか。どこに　ありますか。

＿＿＿＿＿＿＿＿＿＿＿＿＿＿＿＿＿＿＿＿＿＿＿＿

② 家(うち)の　前(まえ)に　何(なに)が　ありますか。

＿＿＿＿＿＿＿＿＿＿＿＿＿＿＿＿＿＿＿＿＿＿＿＿

③ 家(うち)に　ペットが　いますか。ペットの　名前(なまえ)は　何(なん)ですか。

＿＿＿＿＿＿＿＿＿＿＿＿＿＿＿＿＿＿＿＿＿＿＿＿

신출어휘

けしゴム 지우개　さいふ 지갑　ペット 애완동물

06 週末 何を しますか

しゅう まつ　なに

주말에 무엇을 합니까?

학습 목표

① 동사를 사용해서 간단한 동작에 대해서 이야기할 수 있다.
② 시간 표현에 따라 현재와 과거의 일에 대해서 간단히 이야기할 수 있다.

1 동사의 활용표를 완성해 봅시다.

동사 ます형 + ます／ました／ません／ませんでした

현재 긍정 / 과거 긍정 / 현재 부정 / 과거 부정

「동사의 ます형」은 듣는 사람에 대한 말하는 사람의 정중한 태도를 나타낸다. '~합니다'를 일본어에서는 「~ます」로 나타낸다. 여기서 말하는 「동사의 ます형」은 「동사 + ます」의 활용어미 「ます」를 뺀 부분을 말한다.

비과거형(현재/미래)		과거형	
긍정 ~ます	부정 ~ません	긍정 ~ました	부정 ~ませんでした
예 聞(き)きます 듣습니다	聞(き)きません 듣지 못합니다	聞(き)きました 들었습니다	聞(き)きませんでした 듣지 못했습니다
話(はな)します 이야기합니다			
遊(あそ)びます 놉니다			
飲(の)みます 마십니다			
会(あ)います 만납니다			
行(い)きます 갑니다			
帰(かえ)ります 돌아갑니다			
起(お)きます 일어납니다			
来(き)ます 옵니다			
見(み)ます 봅니다			
寝(ね)ます 잡니다			
食(た)べます 먹습니다			
します 합니다			

* 기본형은 권말(p.124)을 참조해 주세요.

2 그림을 보고 예와 같이 질문에 답해 봅시다.

대상 を ＋ **동사 ます형** ます　대상 을(를) + ~합니다

＊ 이것은 한국어와 달라요.

× 友(とも)だちを　会(あ)います　　○ 友(とも)だちに　会(あ)います

예

すし

Q：何(なに)を　しますか。

A：（　すし　）を　（　食(た)べ　）ます。

①

ビール

Q：何(なに)を　しますか。

A：（　　　　）を（　　　　）ます。

②

友(とも)だち

Q：だれに　会(あ)いますか。

A：（　　　　）に（　　　　）ます。

③

テレビ

Q：何(なに)を　しますか。

A：（　　　　）を（　　　　）ます。

신출어휘

友(とも)だち 친구

3 그림을 보고 예와 같이 질문에 답해 봅시다.

장소 で ＋ 동사 ます형 ます　장소 에서 + ~합니다

「で」는 장소를 나타내는 조사이다.

예

図書館(としょかん)

Q：どこで　勉強(べんきょう)しますか。

A：（　図書館(としょかん)　）で　（　勉強(べんきょう)し　）ます。

①

映画館(えいがかん)

Q：どこで　見(み)ますか。

A：（　　　　　　）で、（　　　　　　）ます。

②

公園(こうえん)

Q：どこで　会(あ)いますか。

A：（　　　　　　）で、（　　　　　　）ます。

③

カフェ

Q：どこで　飲(の)みますか。

A：（　　　　　　）で、（　　　　　　）ます。

④

レストラン

Q：どこで　食(た)べますか。

A：（　　　　　　）で、（　　　　　　）ます。

4 아래의 그림을 보고 예와 같이 그림에 맞는 문장을 선택해 봅시다.

장소	へ ＋ 行(い)きます／来(き)ます／帰(かえ)ります
장소 에	갑니다　　옵니다　　돌아갑니다

조사 「へ」는 이동하는 장소와 방향을 나타내고 발음은 [he]가 아니라 [e]로 한다. 「へ」 대신에 「に」를 사용할 수 있다. 자신이 집에 돌아갈 때는 「帰(かえ)ります」를 사용한다.

예

図書館(としょかん)

（　図書館(としょかん)　）へ　（　行(い)きます　）。

①

私(わたし)の　家(うち)

（　　　　　）へ　（　　　　　　　　）。

②

公園(こうえん)

（　　　　　）へ　（　　　　　　　　）。

③

ここ

（　　　　　）へ　（　　　　　　　　）。

| 신출어휘 |

図書館(としょかん) 도서관　**勉強します**(べんきょう) 공부합니다　**映画館**(えいがかん) 영화관　**ここ** 여기

5 시간 표현을 보고 예와 같이 문장을 완성해 봅시다.

何時に(なんじ) ＋ **동사 ます형** ますか　몇 시에 + ~합니까?

시간 に ＋ **동사 ます형** ます　시간 에 + ~합니다

시간(숫자) 뒤에는 반드시 「に」를 붙여야 한다.

시간을 나타내는 표현 1

朝(あさ) 아침	昼(ひる) 낮, 점심 때	夜(よる) 밤, 저녁 때

1時(いちじ) 1시	2時(にじ) 2시	3時(さんじ) 3시	4時(よじ) 4시	5時(ごじ) 5시	6時(ろくじ) 6시
7時(しちじ) 7시	8時(はちじ) 8시	9時(くじ) 9시	10時(じゅうじ) 10시	11時(じゅういちじ) 11시	12時(じゅうにじ) 12시

＊30분 / 반 : さんじゅっぷん／はん

예　夜(よる)　7 : 00

食(た)べます

Q : 何時(なんじ)に (　食(た)べ　) ますか。

A : (　夜(よる)　7時(しちじ)　) に (　食(た)べ　) ます。

①　朝(あさ)　7 : 30

起(お)きます

Q : 何時(なんじ)に (　　　　) ますか。

A : (　　　　) に (　　　　) ます。

②　昼(ひる)　1 : 00

会(あ)います

Q : 何時(なんじ)に (　　　　) ますか。

A : (　　　　) に (　　　　) ます。

6 아래의 그림과 표를 보고, 예와 같이 그림에 맞는 문장을 완성해 봅시다.

동사 ます형 + ます / ました / ません / ませんでした

~합니다 ~했습니다 ~(하)지 않습니다 ~(하)지 않았습니다

아직 일어나지 않은 것, 습관 등에 대해서는 「ます, ません」을 사용한다.

시간을 나타내는 표현 2

きのう 어제	今日(きょう) 오늘	明日(あした) 내일	毎日(まいにち) 매일	週末(しゅうまつ) 주말

예

図書館(としょかん)

Q：明日(あした)　何(なに)を（ しますか ）。

A：図書館(としょかん)（ へ　行(い)きます ）。

友(とも)だち

Q：きのう　何(なに)を（しましたか）。

A：友(とも)だち（ に　会(あ)いました ）。

①

映画(えいが)

Q：きのう　何(なに)を（　　　　　　　　）。

A：映画(えいが)（　　　　　　　　）。

②

お酒(さけ)

Q：明日(あした)　何(なに)を（　　　　　　　　）。

A：お酒(さけ)（　　　　　　　　）。

대화합시다

1

자신의 저녁 일정을 친구와 이야기해 봅시다. Track 24

月曜日(げつようび) 월요일	火曜日(かようび) 화요일	水曜日(すいようび) 수요일	木曜日(もくようび) 목요일
金曜日(きんようび) 금요일	土曜日(どようび) 토요일	日曜日(にちようび) 일요일	何曜日(なんようび) 무슨 요일

A : [　　　　] さん、（ 日曜日(にちようび) ）に 何(なに)を しますか。

B : （ アルバイトを し ）ます。
[　　　　] さんは？

A : 私(わたし)は （ 家(うち)で 寝(ね) ）ます。

2

김 씨의 하루를 소리 내어 읽어 봅시다. Track 25

私(わたし)は きのう  に  。  に  を 飲(の)みました。
 に 大学(だいがく)へ 行(い)きました。  に 授業(じゅぎょう)を  。
 に 食堂(しょくどう)で 昼(ひる)ごはんを  。
午後(ごご)、図書館(としょかん)で 勉強(べんきょう)を  。  に うちへ  。
 に 晩(ばん)ごはんを  。  に しゅくだいを しました。
 に 寝(ね)ました。

들어 봅시다

다음 대화를 듣고 （　　　） 안에 적당한 단어를 넣어 대화를 완성해 봅시다. Track 26

カクさんは　週末(しゅうまつ)　何(なに)を　しますか。

週末(しゅうまつ)は　彼女(かのじょ)（　　　）　会(あ)います。
先週(せんしゅう)は　明洞(ミョンドン)（　　　）　映画(えいが)を　見(み)ました。
今週(こんしゅう)は　カラオケ（　　　）　行(い)きます。サンタさんは？

昼(ひる)は　図書館(としょかん)で　（　　　）の　勉強(べんきょう)を　します。
夜(よる)は　ホテルで　アルバイトを　します。

へ～、まるこさんは？

（　　　）。う～ん…　朝(あさ)は　そうじを　します。

へ～、そうじですか。

昼(ひる)は　読書(どくしょ)…を　します。夜(よる)は　料理(りょうり)…を　します。

え！　料理(りょうり)ですか。すごいですね。

えへへへ…。

신출어휘

アルバイト 아르바이트　**コーヒー** 커피　**授業(じゅぎょう)** 수업　**食堂(しょくどう)** 식당　**昼(ひる)ごはん** 점심밥, 점심 식사　**午後(ごご)** 오후
晩(ばん)ごはん 저녁밥, 저녁 식사　**しゅくだい** 숙제　**先週(せんしゅう)** 지난주　**明洞(ミョンドン)** 명동　**今週(こんしゅう)** 이번 주　**カラオケ** 가라오케, 노래방
韓国語(かんこくご) 한국어　**ホテル** 호텔　**そうじ** 청소　**すごい** 굉장하다

함께합시다!

1 2~3명이 그룹을 이뤄 예와 같이 ①, ③에서는 어떤 행동을 하는지, ②에서는 이런 행동을 하는 곳은 어떤 곳인지 생각해 써 봅시다.

예

図書館(としょかん)

DVDを　見(み)ます。

インターネットを　します。

本(ほん)を　読(よ)みます。

勉強(べんきょう)します。

①

カフェ

②

音楽(おんがく)を　聞(き)きます。

テレビを　見(み)ます。

メールを　します。

友(とも)だちと　話(はな)します。

③

デート

2

2~3명이 그룹을 이뤄 예와 같이 아래 인물에 맞게 어제 일에 대해 발표해 봅시다. 동사는 [보기]에서 골라 과거형으로 바꾸고, 모르는 명사는 한국어로 표현해도 됩니다. 그룹별로 다른 인물을 담당해도 됩니다.

예 朝（ 10 ）時に 起きました。

（ 11 ）時に （ テレビを 見ました ）。

（ 図書館 ）で （ 寝ました ）。

きのうは （ 勉強し ）ませんでした。

①

②

③

（　　　）時に 起きました。

（　　　）時に （　　　　　　　　　）。

（　　　　　）で （　　　　　　　　　）。

きのうは （　　　　　　　）ませんでした。

보기

聞きます	話します	飲みます	行きます	来ます	帰ります
起きます	寝ます	会います	見ます	勉強します	～ます

신출어휘

インターネット 인터넷　メール 메일　デート 데이트

도전합시다!

1 제시한 단어를 가지고 올바른 문장을 완성해 봅시다.

① に　寝(ね)ます　私(わたし)　毎晩(まいばん)　1時(いちじ)　は

→ ＿＿＿＿＿＿＿＿＿＿＿＿＿＿＿＿＿＿＿＿。

② は　を　勉強(べんきょう)　図書館(としょかん)　します　昼(ひる)　で

→ ＿＿＿＿＿＿＿＿＿＿＿＿＿＿＿＿＿＿＿＿。

③ 7時(しちじ)　へ　私(わたし)　きのう　帰(かえ)りました　の　家(うち)　に

→ ＿＿＿＿＿＿＿＿＿＿＿＿＿＿＿＿＿＿＿＿。

2 다음 질문에 대답해 봅시다.

① 毎朝(まいあさ)　朝(あさ)ごはんを　食(た)べますか。何(なに)を　食(た)べますか。

＿＿＿＿＿＿＿＿＿＿＿＿＿＿＿＿＿＿＿＿

② 今朝(けさ)　何時(なんじ)に　起(お)きましたか。

＿＿＿＿＿＿＿＿＿＿＿＿＿＿＿＿＿＿＿＿

③ 今晩(こんばん)　どこで　何(なに)を　しますか。

＿＿＿＿＿＿＿＿＿＿＿＿＿＿＿＿＿＿＿＿

신출어휘

毎晩(まいばん) 매일 밤　**毎朝(まいあさ)** 매일 아침　**朝(あさ)ごはん** 아침밥, 아침 식사　**今朝(けさ)** 오늘 아침　**今晩(こんばん)** 오늘 밤

07 食事をしに行きませんか

しょくじ　い

식사를 하러 가지 않을래요?

학습 목표

① 날짜를 말할 수 있다.

② 친구에게 권유할 수 있다.

알고 연습합시다!

1 달과 날짜를 익힙시다.

시간을 나타내는 표현 3

1월	2월	3월	4월	5월	6월
1月 いちがつ	2月 に がつ	3月 さんがつ	4月 し がつ	5月 ご がつ	6月 ろくがつ
7월	**8월**	**9월**	**10월**	**11월**	**12월**
7月 しちがつ	8月 はちがつ	9月 く がつ	10月 じゅう がつ	11月 じゅういちがつ	12月 じゅうにがつ

시간을 나타내는표현 4

日曜日 にちようび	月曜日 げつようび	火曜日 かようび	水曜日 すいようび	木曜日 もくようび	金曜日 きんようび	土曜日 どようび
	1日 ついたち	2日 ふつか	3日 みっか	4日 よっか	5日 いつか	6日 むいか
7日 なのか	8日 ようか	9日 ここのか	10日 とおか	11日 じゅういちにち	12日 じゅうににち	13日 じゅうさんにち
14日 じゅうよっか	15日 じゅうごにち	16日 じゅうろくにち	17日 じゅうしちにち	18日 じゅうはちにち	19日 じゅうくにち	20日 はつか
21日 にじゅういちにち	22日 にじゅうににち	23日 にじゅうさんにち	24日 にじゅうよっか	25日 にじゅうごにち	26日 にじゅうろくにち	27日 にじゅうしちにち
28日 にじゅうはちにち	29日 にじゅうくにち	30日 さんじゅうにち	31日 さんじゅういちにち			

＊날짜를 물어볼 때는 「何月何日(なんがつなんにち)」라고 묻는다.

2 다음 행사의 날짜를 히라가나로 써 봅시다.

예

クリスマス

Q：クリスマスは　何月何日(なんがつなんにち)ですか。

A：（ じゅうにがつ　にじゅうごにち ）です。

①

バレンタインデー

Q：（　　　　　　　　　　）は　何月何日(なんがつなんにち)ですか。

A：（　　　　　　　　　　）です。

② 

誕生日(たんじょうび)

Q：（　　　　　　　　　）は　何月何日(なんがつなんにち)ですか。

A：（　　　　　　　　　）です。

3 표를 보고 예와 같이 문장을 완성해 봅시다.

명사(수단) で　명사(수단) 으로

「で」는 수단, 도구를 나타내는 조사이다. 이동의 뜻을 가지는 동사 「行(い)きます・来(き)ます」 등과 함께 사용하여 교통수단을 나타낸다.

예 

地下鉄(ちかてつ)　デパート

Q：何(なに)で　デパートへ　行(い)きますか。

B：（　地下鉄(ちかてつ)　）で　行(い)きます。

① 

買(か)い物(もの)　カード

Q：何(なに)で　買(か)い物(もの)を　しますか。

A：（　　　　　）で　します。

② 

カレー　スプーン

Q：何(なに)で　カレーを　食(た)べますか。

A：（　　　　　）で　食(た)べます。

신출어휘

何月何日(なんがつなんにち) 몇 월 며칠　**クリスマス** 크리스마스　**バレンタインデー** 밸런타인데이　**誕生日(たんじょうび)** 생일　**何(なに)で** 무엇으로　**地下鉄(ちかてつ)** 지하철　**デパート** 백화점　**買(か)い物(もの)** 쇼핑　**カード** 카드　**カレー** 카레(라이스)　**スプーン** 스푼, 숟가락

4 예와 같이 문장을 완성해 봅시다.

동사 – ~~ます~~ に 行(い)きます ／ 来(き)ます ／ 帰(かえ)ります
~(하)러 갑니다 옵니다 돌아갑니다

조사 「に」는 이동의 목적을 나타낸다.

예 映画館(えいがかん)

映画(えいが)を 見(み)ます

(映画館(えいがかん)) に (映画(えいが)) を
(見(み)) に 行(い)きます。

① 公園(こうえん)

ジョギングを します

(　　　　) に (　　　　) を
(　　　　) に 行(い)きます。

② カフェ

コーヒーを 飲(の)みます

(　　　　) に (　　　　) を
(　　　　) に 来(き)ます。

③ 私(わたし)の家(うち)

ごはんを 食(た)べます

(　　　　) に (　　　　) を
(　　　　) に 帰(かえ)ります。

5 예와 같이 문장을 완성해 봅시다.

동사 − ~~ます~~ ませんか	/	동사 − ~~ます~~ ましょう
~(하)지 않겠습니까?		~합시다

「~ませんか」는 권유할 때 사용하며, 「~ましょう」는 권유할 때와 권유를 받아들일 때 사용한다.

예

映画(えいが)を　見(み)ます

（　映画(えいが)を　見(み)　）ませんか。

（　映画(えいが)を　見(み)　）ましょう。

①

ジュースを　飲(の)みます

（　　　　　　　　　　　）ませんか。

（　　　　　　　　　　　）ましょう。

②

買(か)い物(もの)を　します

（　　　　　　　　　　　）ませんか。

（　　　　　　　　　　　）ましょう。

③

ポップコーンを　食(た)べます

（　　　　　　　　　　　）ませんか。

（　　　　　　　　　　　）ましょう。

신출어휘

ジョギング 조깅　ごはん 밥　ジュース 주스　ポップコーン 팝콘

대화합시다

1 **친구에게 권유해 봅시다. 초대 받은 사람은 자신의 일정에 맞춰 대답해 주세요.** Track 27

A：（ イテウォン ）へ （ 食事(しょくじ)を し ）に 行(い)きませんか。

B：いいですね、行(い)きましょう。
いつ 行(い)きますか。

A：（ 土曜日(どようび) ）に 行(い)きましょう。

B：いいですね。
何時(なんじ)に 会(あ)いますか。

A：（ 7時(しちじ) ）に 会(あ)いましょう。

B：いいですよ。／（ 7時(しちじ) ）は ちょっと…。

*「いつ」는 연, 월, 일, 요일, 시 등 모든 때를 나타내는 표현에 사용할 수 있다.
*「ちょっと…」는 완곡하게 거절하거나 반대할 때 사용한다.

예

イテウォン	ホンデ	キムさんの 家(うち)

食事(しょくじ)を します	お酒(さけ)を 飲(の)みます	勉強(べんきょう)を します

들어 봅시다

다음 대화를 듣고 （　　） 안에 적당한 단어를 넣어 대화를 완성해 봅시다. Track 28

まるこさん、今日(きょう)（　　　　）ありますか。

ええ、ありますよ。

今(いま)から　イテウォンに　フランス料理(りょうり)を（　　　　）行(い)きます。
いっしょに　行(い)きませんか。

あ…今(いま)から…ですか。

ぼくの　車(くるま)で　行(い)きましょう。

え？　車(くるま)？

（　　　　）あります。（　　　　）車(くるま)です。

わ！　行(い)きまーす！

まるこさん、まるこさん、帰(かえ)りますよ。

신출어휘

イテウォン 이태원(지명)　**食事(しょくじ)** 식사　**いいですね** 좋아요　**いつ** 언제　**ホンデ** 홍대(지명)　**時間(じかん)** 시간　**ええ** 네, 예　**今(いま)** 지금　**～から** ~부터　**フランス料理(りょうり)** 프랑스 요리　**いっしょに** 함께, 같이　**そこ** 거기

함께합시다!

1 3~4명이 한 그룹이 되어, 일본의 관광지에 대해 예와 같이 대화해 봅시다.

예 A：（　京都　）へ　行きませんか。

B：（　京都　）で　何を　しますか。

A：（　寺を　見　）ましょう。

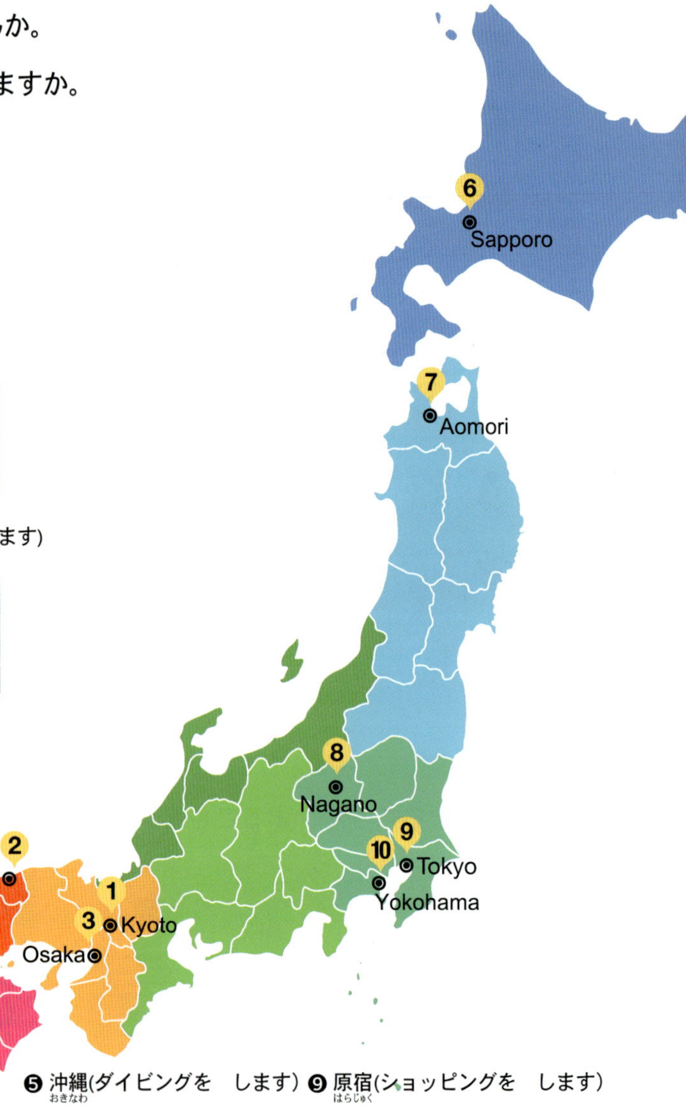
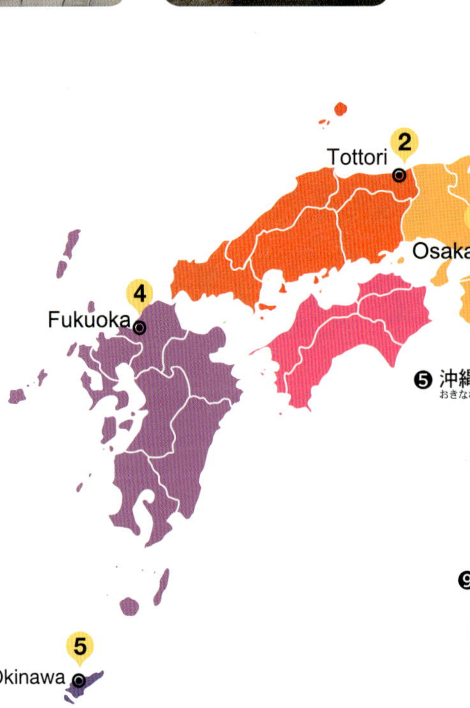

❶ 京都(寺を　見ます)

❷ 鳥取(砂丘を　見ます)

❸ 大阪(USJで　遊びます)

❹ 福岡(ラーメンを　食べます)

❺ 沖縄(ダイビングを　します)

❾ 原宿(ショッピングを　します)

❾ 浅草(写真を　とります)

2 각 그룹에서 예와 같이 가고 싶은 곳을 정하고, 나중에 반 전체에서 어떤 관광지가 인기가 많았는지 공유합시다.

예 A：（ 札幌(さっぽろ) ）へ （ すしを 食(た)べ ）に 行(い)きませんか。
B：（ すし ）は ちょっと…。

A：じゃ、（ 横浜(よこはま) ）へ （ さんぽを し ）に 行(い)きませんか。
B：（ さんぽ ）は ちょっと…。

A：じゃ、（ 原宿(はらじゅく) ）へ （ ショッピングを し ）に 行(い)きませんか。
B：いいですね。

A：じゃ、（ 原宿(はらじゅく) ）へ 行(い)きましょう

❻ 札幌(さっぽろ)(すしを 食(た)べます)

❼ 青森(あおもり)(祭(まつ)りを 見(み)ます)

❽ 長野(ながの)(スノー・モンキーを 見(み)ます)

❿ 横浜(よこはま)(さんぽを します)

신출어휘

京都(きょうと) 교토(지명)　寺(てら) 절　鳥取(とっとり) 돗토리(지명)　砂丘(さきゅう) 사구, 모래언덕　大阪(おおさか) 오사카(지명)　福岡(ふくおか) 후쿠오카(지명)
ラーメン 라면　沖縄(おきなわ) 오키나와(지명)　ダイビング 다이빙　原宿(はらじゅく) 하라주쿠(지명)　ショッピング 쇼핑
浅草(あさくさ) 아사쿠사(지명)　写真(しゃしん) 사진　とります 찍습니다　札幌(さっぽろ) 삿포로(지명)　横浜(よこはま) 요코하마(지명)　さんぽ 산책
青森(あおもり) 아오모리(지명)　祭り(まつり) 마쓰리, 축제　長野(ながの) 나가노(지명)　スノー・モンキー 스노우 몽키

도전합시다!

1 제시한 단어를 가지고 올바른 문장을 완성해 봅시다.

① 家(うち)へ　帰(かえ)りますか　何(なに)で

→ ＿＿＿＿＿＿＿＿＿＿＿＿＿＿＿＿＿＿＿＿。

② キムさん　何(なに)で　来(き)ますか　学校(がっこう)へ

→ ＿＿＿＿＿＿＿＿＿＿＿＿＿＿＿＿＿＿＿＿。

③ 勉強(べんきょう)しに　いっしょに　行(い)きませんか　図書館(としょかん)へ

→ ＿＿＿＿＿＿＿＿＿＿＿＿＿＿＿＿＿＿＿＿。

2 다음 질문에 대답해 봅시다.

① 誕生日(たんじょうび)は　いつですか。

→ ＿＿＿＿＿＿＿＿＿＿＿＿＿＿＿＿＿＿＿＿。

② 何(なに)で　大学(だいがく)に　来(き)ますか。

→ ＿＿＿＿＿＿＿＿＿＿＿＿＿＿＿＿＿＿＿＿。

③ 図書館(としょかん)へ　何(なに)を　しに　行(い)きますか。

→ ＿＿＿＿＿＿＿＿＿＿＿＿＿＿＿＿＿＿＿＿。

08 原宿で 会いたいです

はら じゅく　　　あ

하라주쿠에서 만나고 싶어요

학습 목표

① 「ここ・そこ・あそこ」를 사용해서 장소에 대해서 이야기할 수 있다.
② 「たい」를 사용해서 하고 싶은 것에 대해서 이야기할 수 있다.
③ 가격을 말하거나 질문할 수 있다.

알고 연습합시다!

1 **예와 같이 그림을 보고 (　) 안에 적당한 일본어를 넣어 봅시다.**

> ここ・そこ・あそこは **명사** です
> 여기·거기·저기 은(는)　　명사 입니다

「ここ・そこ・あそこ」는 장소를 나타낼 때 사용하는 지시어이다.

映画館(えいがかん)　　　学校(がっこう)　　　山(やま)

예 (　ここ　) は 映画館(えいがかん)です。

① (　　　　) は 学校(がっこう)です。

② (　　　　) は 山(やま)です。

2 예와 같이 그림을 보고 ( ) 안에 적당한 일본어를 넣어 봅시다.

명사 は　どこですか　**명사** 은(는) 어디입니까?

「どこ」는 위치를 묻는 의문사이다.

カクさんの　家(うち)　　　カフェ　　　公園(こうえん)

예 カクさんの　家(うち)は（　どこ　）ですか。

私(わたし)の　家(うち)は（　ここ　）です。

① カフェは（　　　　　）ですか。

カフェは（　　　　　）です。

② 公園(こうえん)は（　　　　　）ですか。

公園(こうえん)は（　　　　　）です。

신출어휘

山(やま) 산

3 예와 같이 그림을 보고 (　) 안에 적당한 일본어를 넣어 봅시다.

동사 – ~~ます~~ たいです　~(하)고 싶습니다

동사의 ます형에 「たいです」를 붙이면 자신의 희망을 나타낼 수 있다. 이 구문에서는 대상을 나타내는 조사 「を」 대신에 「が」가 자주 사용되는데, 그대로 「を」를 사용해도 된다. 「を」 이외의 조사는 바뀌지 않는다.

비과거형 (현재·미래)		과거형	
긍정 ~たいです	부정 ~た~~い~~くないです	긍정 ~た~~い~~かったです	부정 ~た~~い~~くなかったです
(ドラマが) 見(み)たいです	(ドラマが) 見(み)たくないです	(ドラマが) 見(み)たかったです	(ドラマが) 見(み)たくなかったです

예

英語(えいご)を　勉強(べんきょう)します。

→ 英語(えいご)（　が　）（　勉強(べんきょう)し　）たいです。

①

ステーキを　食(た)べます。

→ ステーキ（　　　　）（　　　　　　　）たいです。

②

お酒(さけ)を　飲(の)みます。

→ お酒(さけ)（　　　　）（　　　　　　　）たいです。

4 아래의 숫자를 보고 예와 같이 히라가나로 써 봅시다.

명사 は　いくらですか　명사 은(는) 얼마입니까?

「いくら」는 가격을 묻는 의문사입니다.

큰 숫자 100~100,000

100	ひゃく	1000	せん	10000	いちまん
200	にひゃく	2000	にせん	20000	にまん
300	さんびゃく	3000	さんぜん	30000	さんまん
400	よんひゃく	4000	よんせん	40000	よんまん
500	ごひゃく	5000	ごせん	50000	ごまん
600	ろっぴゃく	6000	ろくせん	60000	ろくまん
700	ななひゃく	7000	ななせん	70000	ななまん
800	はっぴゃく	8000	はっせん	80000	はちまん
900	きゅうひゃく	9000	きゅうせん	90000	きゅうまん

＊100,000은 「じゅうまん」이라고 한다.

숫자 읽는 방법

2014 → 2000 + 10 + 4 = 2014

にせん　じゅう　よん　にせんじゅうよん

예　53,000ウォン

かばん

Q：（　かばん　）は　いくらですか。

A：（ごまんさんぜんウォン）です

① 74,000ウォン

めがね

Q：（　　　　）は　いくらですか。

A：（　　　　）です

② 19,800ウォン

イヤホン

Q：（　　　　）は　いくらですか。

A：（　　　　）です。

신출어휘

ドラマ 드라마　ステーキ 스테이크　ウォン 원　めがね 안경　イヤホン 이어폰

숨 | 은 | 이 | 야 | 기

산타_ 선배, 마루코는 좋아하는 남자가 있을까요?

곽_ 글쎄…, 내가 보기에는 3학년의 하트 선배인 것 같은데.

산타_ 뭐라고! 어째서? 하트 선배는 어떤 사람인데요?

곽_ 글쎄…, 듣기에는 꽤 부잣집의 아들이고…?

산타_ 나도 그래요. 난 사슴이 100마리나 있는 농장집 아들이잖아요.

곽_ 그리고 매너도 좋고….

산타_ 나도 그래요. 매너는 유럽인이 한수 위잖아요.

곽_ 성격도 참 좋다네….

산타_ 나도 그래요. 내 이름은 산타크로스잖아요. 취미는 물건 나누기 예요.!

곽_ 그리고 무엇보다 ♡ 모양의 얼굴에 여자들이 끌린다네….

산타_ ……………….. (¯ □ ¯ ;)

곽_ 아니야, 마루코는 △ 모양도 좋아할 거야….

대화합시다

1 A와 B의 위치를 확인해서, 아래의 지도를 보고 장소를 설명해 봅시다. Track 29

A : ここは　おみやげ屋です。

B : あのう、(　かばん屋　) は　ありますか。

A : (　かばん屋　) は　(　そこ　) です。(　おみやげ屋の　前　) です。

B : ありがとうございます。

신출어휘

おみやげ屋 선물 가게　あのう 저~　かばん屋 가방 가게　ラーメン屋 라면 가게　めがね屋 안경점

2 가게에서 사고 싶은 물건의 가격을 물어봅시다. Track 30

A：すみません、この（　ぼうし　）、いくらですか。

B：２,０５０円(えん)です。

ぼうし

¥2,050

かばん

¥15,000

シャツ

¥990

お酒(さけ)

¥3,460

3 여행하고 싶은 곳이나 자기가 하고 싶은 일에 대해서 이야기해 봅시다. Track 31

A：キムさん、どこへ　旅行(りょこう)に　行(い)きたいですか。

B：（　大阪(おおさか)　）へ　行(い)きたいです。

A：（　大阪(おおさか)　）で　何(なに)が　したいですか。

B：（　おこのみやきが　食(た)べ　）たいです。
　　リーさんは？

A：私(わたし)は　（　京都(きょうと)　）へ　行(い)きたいです。
　　（　京都(きょうと)　）で　（　寺(てら)が　見(み)　）たいです。

フランス

エジプト

富士山(ふじさん)

イタリア

들어 봅시다

다음 대화를 듣고 （　　　） 안에 적당한 단어를 넣어 대화를 완성해 봅시다. Track 32

（　　　）　まるこさんの　国(くに)だ！
はやく　まるこさんに　会(あ)いたいですね。

すみません。モノレールは　どこですか。

モノレールは　あそこですよ。

（　　　　　　　）。

あの、すみません。原宿(はらじゅく)（　　　）　いくらですか。

土曜日(どようび)は　５００円(ごひゃくえん)です。

（　　　）。

カクさん、あれは　（　　　）。

レインボーブリッジです。

まるこさんと　あそこに　（　　　　　）。

신출어휘

円(えん) 엔(일본의 화폐단위)　**ぼうし** 모자　**シャツ** 셔츠　**おこのみやき** 오코노미야키　**フランス** 프랑스　**エジプト** 이집트
富士山(ふじさん) 후지산　**イタリア** 이탈리아　**はやく** 빨리　**モノレール** 모노레일　**～まで** ~까지　**どうも** 고맙습니다
レインボーブリッジ 레인보우브릿지

함께합시다!

나는 다이어트 중으로, 하루 섭취 칼로리가 1700kcal로 정해져 있습니다. 하지만, 맛있는 것은 먹고 싶습니다. 1일 3식에 간식 1번은 반드시 먹습니다. 다이어트라고 해서 영양이 균형을 잃어서는 안 됩니다.
최고의 메뉴를 골라 봅시다.

ラーメン  580kcal	牛丼  720kcal	カレーライス  800kcal
のり巻き  530kcal	うどん  500kcal	チキンカツ  470kcal
スパゲッティ  680kcal	ピザ  350kcal/1P	おにぎり  240kcal
ビビンバ  600kcal	フライドポテト  400kcal	キムチチゲ  400kcal
バナナ  90kcal	コーヒー  4kcal	アイスクリーム  230kcal

1 메뉴를 적어 넣고, 아래와 같이 발표해 봅시다.

예 私(わたし)たちの　メニューは、朝(あさ)ごはんは　(　　　　　)、昼(ひる)ごはんは (　　　　　)、
間食(かんしょく)は　(　　　　　)、晩(ばん)ごはんは　(　　　　　) です。
そして、カロリーは　全部(ぜんぶ)で　(　　　　　) カロリーです。

	メニュー	カロリー
朝(あさ)ごはん		
昼(ひる)ごはん		
間食(かんしょく)		
晩(ばん)ごはん		
合計(ごうけい)		

2 당신이라면 어느 그룹의 메뉴로 다이어트하고 싶습니까? 자기 그룹 이외의 그룹에서 골라 봅시다. 이유는 한국말로 해도 됩니다.

예 私(わたし)は　Aグループの　メニューで　ダイエットしたいです。
えいようの　バランスが　いいですから。
たくさん　食べますが、カロリーが　低(ひく)いですから。

私(わたし)は　(　　　　)グループの　メニューで　ダイエットしたいです。
(　　　　　　　　　　　　　　　　　　　　　　　) から。

신출어휘

牛丼(ぎゅうどん) 소고기덮밥　カレーライス 카레라이스　のり巻(ま)き 김밥　チキンカツ 치킨가스　スパゲッティ 스파게티
おにぎり 주먹밥　ビビンバ 비빔밥　フライドポテト 감자튀김　キムチチゲ 김치찌개　アイスクリーム 아이스크림
バナナ 바나나　私(わたし)たち 우리　メニュー 메뉴　間食(かんしょく) 간식　そして 그리고　(キロ)カロリー 킬로칼로리
全部(ぜんぶ)で 전부 해서　合計(ごうけい) 합계　ダイエット 다이어트　えいよう 영양　バランス 밸런스, 균형　いいです 좋습니다
～から ～이니까, ～이기 때문에　たくさん 많이　～が ～이지만　低(ひく)いです 낮습니다

도전합시다!

1 제시한 단어를 가지고 올바른 문장을 완성해 봅시다.

① どこ　ですか　トイレは

→ ＿＿＿＿＿＿＿＿＿＿＿＿＿＿＿＿＿＿＿＿。

② いくら　かばんは　その　ですか

→ ＿＿＿＿＿＿＿＿＿＿＿＿＿＿＿＿＿＿＿＿。

③ アメリカで　したいです　勉強(べんきょう)が

→ ＿＿＿＿＿＿＿＿＿＿＿＿＿＿＿＿＿＿＿＿。

2 다음 질문에 대답해 봅시다.

① 週末(しゅうまつ)に　なにが　したいですか。

→ ＿＿＿＿＿＿＿＿＿＿＿＿＿＿＿＿＿＿＿＿。

② ここは　どこですか。

→ ＿＿＿＿＿＿＿＿＿＿＿＿＿＿＿＿＿＿＿＿。

③ 日本語(にほんご)の　教科書(きょうかしょ)は　いくらですか。

→ ＿＿＿＿＿＿＿＿＿＿＿＿＿＿＿＿＿＿＿＿。

신출어휘

アメリカ 미국　**教科書(きょうかしょ)** 교과서

09 いい ところですね

좋은 곳이네요

학습 목표

① 형용사를 사용해서 상황이나 감상을 이야기할 수 있다. 〈현재형〉

알고 연습합시다!

1 아래 표를 완성해 봅시다.

명사 は **い형용사** です ／ ~~い~~くないです(ありません)

명사 은(는)　　~입니다　　~(하)지 않습니다

〈い형용사의 긍정형·부정형〉

い형용사의 기본형은 반드시 어미 「い」로 끝난다. い형용사의 긍정형은 기본형에 「です」를 붙인다. 부정형은 기본형의 어미 「い」를 지우고, 「くないです(ありません)」을 붙인다.

기본형 ○○い	긍정형 ○○いです	부정형 ○○~~い~~くないです
あつい 덥다, 뜨겁다		
寒(さむ)い 춥다		
やさしい 상냥하다, 쉽다		
むずかしい 어렵다		
おいしい 맛있다		
かわいい 귀엽다		
おもしろい 재미있다		
高(たか)い 높다, 비싸다		
安(やす)い 싸다		
大(おお)きい 크다		
小(ちい)さい 작다		
近(ちか)い 가깝다		
とおい 멀다		
いい／よい 좋다		よくないです
悪(わる)い 나쁘다		
忙(いそが)しい 바쁘다		
ほしい 갖고 싶다		

＊「ほしい」는 자신이 소유하고 싶다는 나타낼 때 사용한다.

＊활용형은 권말(p.125)을 참조해 주세요.

2 아래 그림을 보고, 예와 같이 대답해 봅시다.

예

Q：あついですか。

A：（　はい、あついです　）。

Q：あついですか。

A：（　いいえ、あつくないです　）。

①

Q：忙(いそが)しいですか。

A：（　　　　　　　　　　　）。

②

Q：いいですか。

A：（　　　　　　　　　　　）。

③

Q：高(たか)いですか。

A：（　　　　　　　　　　　）。

④

Q：おもしろいですか。

A：（　　　　　　　　　　　）。

⑤

Q：ほしいですか。

A：（　　　　　　　　　　　）。

3 아래 표를 완성해 봅시다.

명사 は **な형용사** です ／ では(じゃ)ありません

명사 은(는) ~입니다 ~(하)지 않습니다

〈な형용사의 긍정형·부정형〉

な형용사의 긍정형은 기본형에 「です」를 붙인다. 부정형은 기본형에 「では(じゃ)ありません」를 붙인다.

기본형 ○○	긍정형 ○○です	부정형 ○○では(じゃ)ありません
元気(げんき) 활발함, 건강함		
にぎやか 번화함		
きれい 예쁨, 깨끗함		
ハンサム 잘생김		
大変(たいへん) 힘듦		
かんたん 간단함		
便利(べんり) 편리함		
ひま 한가함		
有名(ゆうめい) 유명함		
親切(しんせつ) 친절함		
静か(しずか) 조용함		
すてき 멋짐, 훌륭함		

＊ 활용형은 권말(p.126)을 참조해 주세요.

4 아래 그림을 보고, 예와 같이 대답해 봅시다.

예

Q：ひまですか。

A：（　　はい、ひまです　　）。

Q：ひまですか。

A：（ いいえ、ひまじゃありません ）。

①

Q：かんたんですか。

A：（　　　　　　　　　　　　）。

②

Q：元気(げんき)ですか。

A：（　　　　　　　　　　　　）。

③

Q：きれいですか。

A：（　　　　　　　　　　　　）。

④

Q：ハンサムですか。

A：（　　　　　　　　　　　　）。

⑤

Q：便利(べんり)ですか。

A：（　　　　　　　　　　　　）。

5 예와 같이 그림을 보고 (　) 안에 적당한 일본어를 넣어 봅시다.

い형용사 + 명사	/	な형용사 な + 명사
~은 명사		~한 명사

〈형용사의 명사 수식형〉
い형용사의 명사 수식형은 기본형에 명사를 붙인다. な형용사의 명사 수식형은 기본형에 「な」를 붙이고 명사를 붙인다.

예

大(おお)きい・服(ふく)

（　大(おお)きい　服(ふく)　）です。

元気(げんき)・学生(がくせい)

（　元気(げんき)な　学生(がくせい)　）です。

①

悪(わる)い・人(ひと)

（　　　　　　　）です。

②

親切(しんせつ)・店員(てんいん)

（　　　　　　　）です。

③

高(たか)い・ビル

（　　　　　　　）です。

④

にぎやか・ところ

（　　　　　　　）です。

6 예와 같이 그림을 보고 (　) 안에 적당한 일본어를 넣어 봅시다.

い형용사 ~~い~~くて	형용사 です／	な형용사 で	형용사 です
~고	~입니다	~고	~입니다

〈형용사의 て형〉
い형용사의 て형(접속형)은 어미 「い」를 지우고 「くて」를 붙인다. な형용사의 て형(접속형)은 기본형에 「で」를 붙인다.

예

安(やす)い・おいしい

Q：どんな　パンですか。

A：（　安(やす)くて　おいしい　）パンです。

元気(げんき)・にぎやか

Q：どんな　学生(がくせい)ですか。

A：（　元気(げんき)で　にぎやかな　）学生(がくせい)です。

①

おいしい・有名(ゆうめい)

Q：どんな　店(みせ)ですか。

A：（　　　　　　　　　　）店(みせ)です。

②

静(しず)か・きれい

Q：どんな　公園(こうえん)ですか。

A：（　　　　　　　　　　）公園(こうえん)です。

③

忙(いそが)しい・大変(たいへん)

Q：どんな　仕事(しごと)ですか。

A：（　　　　　　　　　　）仕事(しごと)です。

| 신출어휘 |

店員(てんいん) 점원　ところ 곳, 장소　パン 빵　店(みせ) 가게

대화합시다

1 **친구에게 선물이나 기념품 쇼핑에 관한 상담을 해 주세요.** Track 33

A : キムさん、この　(　ポーチ　)は　どうですか。

B : (　いい　)ですね。いくらですか。

A : (　６００円(えん)　)です。

B : 安(やす)いですね。／　高(たか)いですね。

いい　　すてき　　かわいい　　おもしろい　　きれい

예	ポーチ	ネクタイ	ピアス	お菓子(かし)

	¥600	¥5,800	¥1,100	¥1,000

2 남자 친구(여자 친구)에 대해 설명해 봅시다. Track 34

A：どんな　彼氏(かれし)・彼女(かのじょ)が　ほしいですか。

B：そうですね。(　ハンサムで　やさしい　)　彼氏(かれし)・彼女(かのじょ)が　ほしいです。

A：そうですか。私(わたし)は　(　かわいくて　やさしい　)　彼氏(かれし)・彼女(かのじょ)が　ほしいです。

B：へえ、そうですか。

彼氏(かれし)

ハンサム＋やさしい

背(せ)が　高(たか)い＋おもしろい

彼女(かのじょ)

かわいい＋やさしい

きれい＋おもしろい

신출어휘

ポーチ 파우치(화장품이나 소지품을 넣는 작은 가방)　**ネクタイ** 넥타이　**ピアス** 피어스, 귀걸이　**お菓子(かし)** 과자
彼氏(かれし) 남자 친구　**そうですか** 그렇습니까?　**背(せ)が高(たか)い** 키가 크다

숨 | 은 | 이 | 야 | 기

방에서 온천 가는 준비를 함

산타_ 자 준비 완료! 온천에 가자~.

곽_ 음? 산타, 수영복 입으면 안 돼. 일본 온천은 수영복 금지야.
핀란드와 달라.

산타_ 그렇구나, 알았어. 벗을게.

곽_ 잠깐! 너 팔의 그거, 문신 아냐?

산타_ 그래. 이건 우리 지방의 표시인 순록 무늬야.

곽_ 어쩌지…, 일본 온천은 문신 넣은 자는 사절인데.
일본에서 문신이 폭력단원의 상징이라 사람들이 무서워한대.

산타_ 헐! 무슨 규칙이 그래. 여기까지 왔는데 온천에 가고 말 거야.

마루코_ 너희 유카타 갈아 입는데, 왜 그렇게 시간이 걸렸어?
음? 산타…, 너 팔을 다쳤어?

산타_ 크크크….

들어 봅시다

다음 대화를 듣고 (　　) 안에 적당한 단어를 넣어 대화를 완성해 봅시다. Track 35

まるこさん、かわいいですよ。

ふたりの　ゆかたも　いいですよ。
あ、私(わたし)は (　　　　　　) です。
カクさんと　サンタさんは (　　　　　　) です。
じゃ、7時(しちじ)に　食堂(しょくどう)で　会(あ)いましょう。

静(しず)かで　いい　ところですね。

今日(きょう)は　人(ひと)が (　　　　　　) ですね。
山(やま)も　高(たか)くて　きれいですよ。

サンタさん、日本(にほん)では　さるも　温泉(おんせん)に　入(はい)りますよ。

え～！ (　　　　　　　　) ですね。

まるこさん、さるの　温泉(おんせん)は　ここから　近(ちか)いですか。

いいえ、近(ちか)くないです。電車(でんしゃ)で　3時間(さんじかん)ぐらいです。

え～！ (　　　　　　) ですね。

신출어휘

ゆかた 유카타　**少(すく)ない** 적다　**さる** 원숭이　**温泉(おんせん)** 온천　**入(はい)ります** 들어옵니다, 들어갑니다　**電車(でんしゃ)** 전철　**～時間(じかん)** ～시간　**～ぐらい** ～정도

함께합시다!

아래의 나라에서 가고 싶은 나라를 선택해서 여행 계획을 세웁시다. 그리고 그 내용을 발표해 봅시다.

그룹명	ミートソースグループ		
목적지	イタリア		
계절	秋(あき)		
먹고 싶은 것	ピザ		
보고 싶은 것	コロッセオ トレビの 泉(いずみ)		
사고 싶은 것	ワイン		

* 계절 : 春(はる)(봄)·夏(なつ)(여름)·秋(あき)(가을)·冬(ふゆ)(겨울)

아래의 예와 같이 발표해 봅시다.

私(わたし)たちは （ ミートソース ）グループです。
（ イタリア ）へ 行(い)きたいです。
季節(きせつ)は （ 秋(あき) ）に 行(い)きたいです。
（ コロッセオ ）と （ トレビの 泉(いずみ) ）が 見(み)たいです。
（ ピザ ）が 食(た)べたいです。
おみやげに （ ワイン ）が ほしいです。

東京(とうきょう)

ニューヨーク

シドニー

エジプト

北京(ペキン)

신출어휘

秋(あき) 가을　コロッセオ 콜로세움　トレビの泉(いずみ) 트래비분수　季節(きせつ) 계절　おみやげ 토산품, 선물　東京(とうきょう) 도쿄
ニューヨーク 뉴욕　シドニー 시드니　北京(ペキン) 북경, 베이징

도전합시다!

1 제시한 단어를 가지고 올바른 문장을 완성해 봅시다.

① レストランは　この　高(たか)く　ないです

→ ＿＿＿＿＿＿＿＿＿＿＿＿＿＿＿＿＿＿＿＿。

② おいしいです　その　安(やす)くて　店(みせ)は

→ ＿＿＿＿＿＿＿＿＿＿＿＿＿＿＿＿＿＿＿＿。

③ きれいで　東京(とうきょう)は　にぎやかな　です　まち

→ ＿＿＿＿＿＿＿＿＿＿＿＿＿＿＿＿＿＿＿＿。

2 다음 질문에 대답해 봅시다.

① 何人家族(なんにんかぞく)ですか。お母(かあ)さんは　どんな　人(ひと)ですか。

＿＿＿＿＿＿＿＿＿＿＿＿＿＿＿＿＿＿＿＿。

② あなたの　部屋(へや)は　どんな　部屋(へや)ですか。

＿＿＿＿＿＿＿＿＿＿＿＿＿＿＿＿＿＿＿＿。

③ 好(す)きな　国(くに)は　どこですか。そこは　どんな　国(くに)ですか。

＿＿＿＿＿＿＿＿＿＿＿＿＿＿＿＿＿＿＿＿。

10 ディズニーランドはおもしろかったです

디즈니랜드는 재미있었습니다

학습 목표

① 형용사를 사용해서 상황이나 감상에 대해서 이야기할 수 있다. 〈과거형〉

알고 연습합시다!

1-1 아래의 표를 완성해 봅시다.

명사 は **い형용사** ~~い~~かったです / ~~い~~くなかったです

명사 은(는)　　~었습니다 · ~았습니다　　~(하)지 않았습니다

〈い형용사의 과거 긍정형 · 과거 부정형〉

い형용사의 과거 긍정형은 기본형의 어미 「い」를 지우고, 「かったです」를 붙인다. 과거 부정형은 기본형의 어미 「い」를 지우고, 「くなかったです」을 붙인다.

기본형 ○○い	과거 긍정형 ○○~~い~~かったです	과거 부정형 ○○~~い~~くなかったです
あつい 덥다, 뜨겁다		
寒(さむ)い 춥다		
やさしい 상냥하다, 쉽다		
むずかしい 어렵다		
おいしい 맛있다		
かわいい 귀엽다		
おもしろい 재미있다		
高(たか)い 높다, 비싸다		
低(ひく)い 낮다		
安(やす)い 싸다		
大(おお)きい 크다		
小(ちい)さい 작다		
近(ちか)い 가깝다		
とおい 멀다		
いい / よい 좋다		
悪(わる)い 나쁘다		
忙(いそが)しい 바쁘다		
ほしい 갖고 싶다		

* 활용형은 권말(p.125)을 참조해 주세요.

1-2 그림을 보고 예와 같이 과거형으로 표현해 봅시다.

예  きのうは （ 寒(さむ)かったです ）。

①  ラーメンは（ ）。

②  仕事(しごと)は（ ）。

③  テストは（ ）。

1-3 그림을 보고 예와 같이 과거형으로 표현해 봅시다.

예 

Q：やさしかったですか。

A：（ はい、やさしかったです ）。

Q：やさしかったですか。

A：（ いいえ、やさしくなかったです ）。

① 

1980年

Q：高(たか)かったですか。

A：（ ）。

② 

Q：むずかしかったですか。

A：（ ）。

신출어휘

テスト 테스트, 시험

알고 연습합시다!

2-1 아래의 표를 완성해 봅시다.

명사 は **な형용사** でした／では(じゃ)ありませんでした

명사 은(는) ~했습니다 ~지 않았습니다

〈な형용사의 과거 긍정형·과거 부정형〉
な형용사의 과거 긍정형은 기본형에 「でした」를 붙인다. 과거 부정형은 기본형에 「では(じゃ)ありませんでした」를 붙인다.

기본형 ○○	과거 긍정형 ○○でした	과거 부정형 ○○では(じゃ)ありませんでした
元気(げんき) 활발함, 건강함		
にぎやか 번화함		
きれい 예쁨, 깨끗함		
ハンサム 잘생김		
大変(たいへん) 힘듦		
かんたん 간단함		
便利(べんり) 편리함		
ひま 한가함		
有名(ゆうめい) 유명함		
親切(しんせつ) 친절함		
静(しず)か 조용함		
すてき 멋짐, 훌륭함		

* 활용형은 권말(p.126)을 참조해 주세요.

2-2 그림을 보고 예와 같이 과거형으로 표현해 봅시다.

예

ひま

週末(しゅうまつ)は　（　　　ひまでした　　　）。

①

静(しず)か

図書館(としょかん)は　（　　　　　　　　　　）。

②

にぎやか

クリスマスは　（　　　　　　　　　　）。

③

親切(しんせつ)

まりさんは　（　　　　　　　　　　）。

④

きれい

富士山(ふじさん)は　（　　　　　　　　　　）。

2-3 그림을 보고 예와 같이 표현해 봅시다.

예

Q：昔(むかし)は　大変(たいへん)でしたか。

A1：（　　はい、大変(たいへん)でした　　）。

A2：（いいえ、大変(たいへん)じゃ　ありませんでした）。

①

Q：テストは　かんたんでしたか。

A：（　　　　　　　　　　　　　　）。

②

Q：きのうは　ひまでしたか。

A：（　　　　　　　　　　　　　　）。

③

Q：町(まち)は　便利(べんり)でしたか。

A：（　　　　　　　　　　　　　　）。

④

Q：店(みせ)は　にぎやかでしたか。

A：（　　　　　　　　　　　　　　）。

3-1 그림을 보고 예와 같이 옛날과 지금을 비교해 봅시다.

문장 (~は…) が ＋ **문장 (~は…)**
문장 ~(은/는…) ~지만, 문장 ~(은/는…)

역설의 조사 「が」는 앞 문장의 끝에 연결되어, 앞 문장과 뒤 문장이 서로 대립되는 것을 나타낸다.

昔(むかし)

今(いま)

短い(みじか)　静か(しず)　低い(ひく)　長い(なが)　にぎやか　高い(たか)

예 昔(むかし)は　目(め)が（　小(ちい)さかったです　）が、今(いま)は（　大(おお)きいです　）。

① 昔(むかし)は　背(せ)が（　　　　　）が、今(いま)は（　　　　　）。

② 昔(むかし)は　かみが（　　　　　）が、今(いま)は（　　　　　）。

③ 昔(むかし)は（　　　　　）が、今(いま)は（　　　　　）。

3-2 자신의 옛날과 지금을 비교해서 문장을 만들어 봅시다.

예 昔(むかし)は（　　　　　）が、今(いま)は（　　　　　）。

신출어휘

昔(むかし) 옛날　町(まち) 마을　短い(みじか) 짧다　長い(なが) 길다　背(せ)が低い(ひく) 키가 작다　目(め) 눈　かみ 머리카락

대화합시다

1 친구에게 여행 소감을 말해 봅시다. Track 36

A : (夏休(なつやす)み) に (東京(とうきょう)) へ 行(い)きました。

B : (東京(とうきょう)) は どうでしたか。

A : (おもしろかったです) 。

B : (食(た)べ物(もの)) は どうでしたか。

A : (とても おいしかったです) 。

夏休(なつやす)み

正月(しょうがつ)

お盆(ぼん)

2 친구와 자신의 과거에 대해 말해 봅시다. Track 37

A : (カク)さんは 子(こ)どもの時(とき) どんな 人(ひと)でしたか。

B : (まじめでした)。(サンタ)さんは どうでしたか。

A : 私(わたし)は (元気(げんき)で おもしろい) 子(こ)どもでした。

B : そうですか。

頭(あたま)が いい・悪(わる)い	かみが 短(みじか)い・長(なが)い	静(しず)か

まじめ	背(せ)が 高(たか)い・低(ひく)い	おもしろい	元気(げんき)

들어 봅시다

다음 대화를 듣고 (　　) 안에 적당한 단어를 넣어 대화를 완성해 봅시다. Track 38

まるこさん、それ…コスプレですか。

ええ、これは　東京(とうきょう)ディズニーランドで　買(か)いました。
どうですか。

か…わいいですよ。

ありがとう。

(　　　　)　ディズニーランドに　行(い)きましたか。

カクさんと　サンタさんと、(　　　　)　行(い)きました。

そうですか。(　　　　　　　　)。

ええ、とても　(　　　　)。
でも、人(ひと)が　多(おお)かったです。

日本(にほん)で　温泉(おんせん)に　(　　　　)。

はい、きれい(　　　　)、静(しず)か(　　　　)　温泉(おんせん)でした。

へ～、ぼくも　行(い)きたいですね。

신출어휘

夏休(なつやす)み 여름방학, 여름 휴가　正月(しょうがつ) 정월　お盆(ぼん) 오봉　子(こ)ども 어린이, 아이　時(とき) 때　頭(あたま) 머리　コスプレ 코스프레
東京(とうきょう)ディズニーランド 도쿄디즈니랜드　買(か)います 삽니다　とても 매우, 아주　楽(たの)しい 즐겁다　でも 하지만, 그러나
多(おお)い 많다

함께합시다!

2~3명의 그룹을 이뤄, 지금까지 간 적이 있는 장소 중에서 가장 좋았던 곳을 예와 같이 써 봅시다.

1. 말한 곳 중에서 어디가 가장 즐거웠습니까?
2. 추천(먹고, 보고, 사고, 노는 등)에 대해서 마인드 맵을 그려 주세요.
3. 마인드맵을 보면서 예와 같이 설명해 주세요.

예

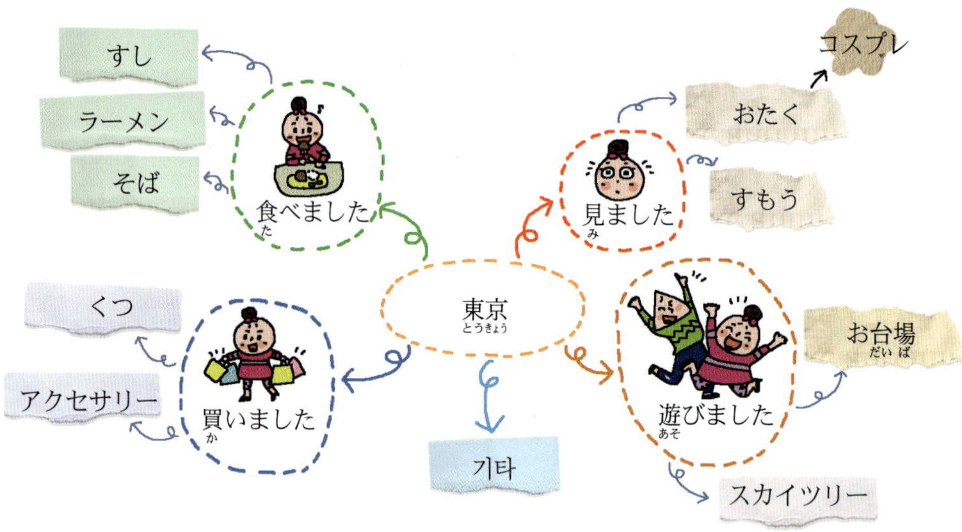

그룹을 만들어 그 장소에 대한 마인드맵을 예와 같이 만들어 주세요.

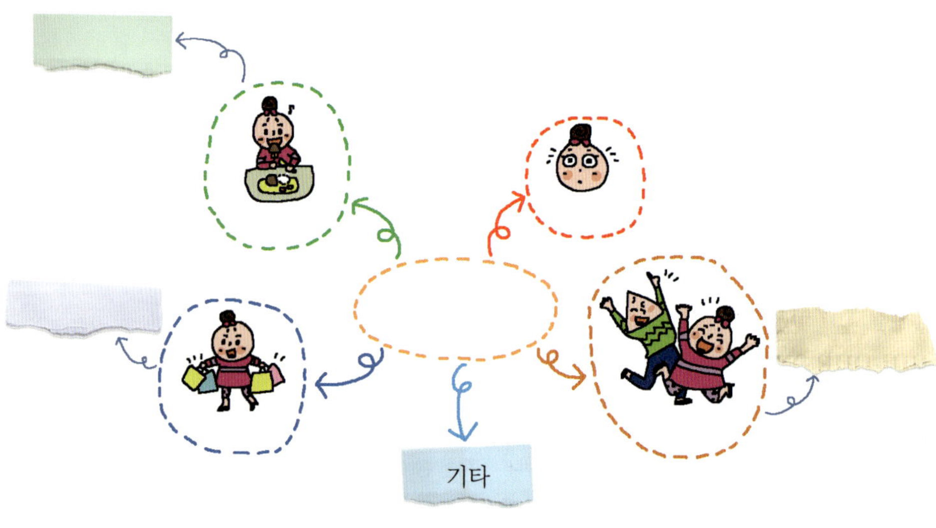

발표 예

아래의 예를 참고로, 발표문을 만들고 모두에게 발표해 봅시다.

私(わたし)たちは　東京(とうきょう)です。
東京(とうきょう)は　（　スカイツリー　）が　（　とても　きれいでした　）。
（　すし　）が　（　とても　高(たか)かったです　）。
（　コスプレ　）が　（　とても　おもしろかったです　）。

우리들의 발표

私(わたし)たちは ______________________ です。
__________ は
（　　　　　　　　）が ____________________。
（　　　　　　　　）が ____________________。
（　　　　　　　　）が ____________________。
（　　　　　　　　）が ____________________。

| 신출어휘 |

そば 메밀국수　**おたく** 오타쿠(어떤 일에 지나치게 열중하는 것(사람)　**すもう** 스모　**くつ** 구두, 신발
アクセサリー 액세서리　**お台場(だいば)** 오다이바(지명)　**スカイツリー** 스카이트리

도전합시다!

1 제시한 단어를 가지고 올바른 문장을 완성해 봅시다.

① おいしかったです　お昼(ひる)ごはんは　安(やす)くて

→ ＿＿＿＿＿＿＿＿＿＿＿＿＿＿＿＿＿＿＿＿。

② どう　東京(とうきょう)は　でしたか

→ ＿＿＿＿＿＿＿＿＿＿＿＿＿＿＿＿＿＿＿＿。

③ おじいさんは　にぎやかでした　私(わたし)の　元気(げんき)で

→ ＿＿＿＿＿＿＿＿＿＿＿＿＿＿＿＿＿＿＿＿。

2 다음 질문에 대답해 봅시다.

① 去年(きょねん)の　クリスマスに　何(なに)を　しましたか。どうでしたか。

→ ＿＿＿＿＿＿＿＿＿＿＿＿＿＿＿＿＿＿＿＿。

② きのうの　晩(ばん)ごはんは　何(なん)でしたか。おいしかったですか。

→ ＿＿＿＿＿＿＿＿＿＿＿＿＿＿＿＿＿＿＿＿。

③ 日本語(にほんご)の　授業(じゅぎょう)は　どうでしたか。

→ ＿＿＿＿＿＿＿＿＿＿＿＿＿＿＿＿＿＿＿＿。

신출어휘

去年(きょねん) 작년

부록

1. 동사 활용형, い형용사 활용형, な형용사 활용표
2. 연습문제 정답
3. 해석
4. 색인

1. 동사 활용형, い형용사 활용형, な형용사 활용표

1) 동사 활용형

기본형	비과거형(현재/미래)		과거형	
	긍정(~ます)	부정(~ません)	긍정(~ました)	부정(~ませんでした)
聞(き)く	聞(き)きます	聞(き)きません	聞(き)きました	聞(き)きませんでした
話(はな)す	話(はな)します	話(はな)しません	話(はな)しました	話(はな)しませんでした
遊(あそ)ぶ	遊(あそ)びます	遊(あそ)びません	遊(あそ)びました	遊(あそ)びませんでした
飲(の)む	飲(の)みます	飲(の)みません	飲(の)みました	飲(の)みませんでした
会(あ)う	会(あ)います	会(あ)いません	会(あ)いました	会(あ)いませんでした
行(い)く	行(い)きます	行(い)きません	行(い)きました	行(い)きませんでした
帰(かえ)る	帰(かえ)ります	帰(かえ)りません	帰(かえ)りました	帰(かえ)りませんでした
起(お)きる	起(お)きます	起(お)きません	起(お)きました	起(お)きませんでした
来(く)る	来(き)ます	来(き)ません	来(き)ました	来(き)ませんでした
見(み)る	見(み)ます	見(み)ません	見(み)ました	見(み)ませんでした
寝(ね)る	寝(ね)ます	寝(ね)ません	寝(ね)ました	寝(ね)ませんでした
食(た)べる	食(た)べます	食(た)べません	食(た)べました	食(た)べませんでした
する	します	しません	しました	しませんでした

2) い형용사 활용형

기본형	긍정형 ○○い	부정형 ○○くないです	과거긍정형 ○○かったです	과거긍정형 ○○くなかったです
あつい	あついです	あつくないです	あつかったです	あつくなかったです
寒(さむ)い	寒(さむ)いです	寒(さむ)くないです	寒(さむ)かったです	寒(さむ)くなかったです
やさしい	やさしいです	やさしくないです	やさしかったです	やさしくなかったです
むずかしい	むずかしいです	むずかしくないです	むすかしかったです	むずかしくなかったです
おいしい	おいしいです	おいしくないです	おいしかったです	おいしくなかったです
かわいい	かわいいです	かわいくないです	かわいかったです	かわいくなかったです
おもしろい	おもしろいです	おもしろくないです	おもしろかったです	おもしろくなかったです
高(たか)い	高(たか)いです	高(たか)くないです	高(たか)かったです	高(たか)くなかったです
低(ひく)い	低(ひく)いです	低(ひく)くないです	低(ひく)かったです	低(ひく)くなかったです
安(やす)い	安(やす)いです	安(やす)くないです	安(やす)かったです	安(やす)くなかったです
大(おお)きい	大(おお)きいです	大(おお)きくないです	大(おお)きかったです	大(おお)きくなかったです
小(ちい)さい	小(ちい)さいです	小(ちい)さくないです	小(ちい)さかったです	小(ちい)さくなかったです
近(ちか)い	近(ちか)いです	近(ちか)くないです	近(ちか)かったです	近(ちか)くなかったです
とおい	とおいです	とおくないです	とおかったです	とおくなかったです
いい／よい	いいです／よいです	よくないです	よかったです	よくなかったです
悪(わる)い	悪(わる)いです	悪(わる)くないです	悪(わる)かったです	悪(わる)くなかったです
忙(いそが)しい	忙(いそが)しいです	忙(いそが)しくないです	忙(いそが)しかったです	忙(いそが)しくなかったです
ほしい	ほしいです	ほしくないです	ほしかったです	ほしくなかったです

3) な형용사 활용형

기본형 ○○	긍정형 ○○です	부정형 ○○では(じゃ) ありません	과거긍정형 ○○でした	과거긍정형 ○○では(じゃ) ありませんでした
元気	元気です	元気では(じゃ) ありません	元気でした	元気では(じゃ) ありませんでした
にぎやか	にぎやかです	にぎやかでは(じゃ) ありません	にぎやかでした	にぎやかでは(じゃ) ありませんでした
きれい	きれいです	きれいでは(じゃ) ありません	きれいでした	きれいでは(じゃ) ありませんでした
ハンサム	ハンサムです	ハンサムでは(じゃ) ありません	ハンサムでした	ハンサムでは(じゃ) ありませんでした
たいへん	たいへんです	たいへんでは(じゃ) ありません	たいへんでした	たいへんでは(じゃ) ありませんでした
かんたん	かんたんです	かんたんでは(じゃ) ありません	かんたんでした	かんたんでは(じゃ) ありませんでした
便利	便利です	便利では(じゃ) ありません	便利でした	便利では(じゃ) ありませんでした
ひま	ひまです	ひまでは(じゃ) ありません	ひまでした	ひまでは(じゃ) ありませんでした
有名	有名です	有名では(じゃ) ありません	有名でした	有名では(じゃ) ありませんでした
親切	親切です	親切では(じゃ) ありません	親切でした	親切では(じゃ) ありませんでした
静か	静かです	静かでは(じゃ) ありません	静かでした	静かでは(じゃ) ありませんでした
すてき	すてきです	すてきでは(じゃ) ありません	すてきでした	すてきでは(じゃ) ありませんでした

2. 연습문제 정답

01 あいうえお

함께합시다

1 いぬ　ねこ　おさけ
せんせい　がくせい　おめでとう
すみません　ありがとうございます

2 ペン　ノート　スマホ
パソコン　コーヒー　サッカー
ジュース　シャツ　ジョンハート

02 はじめまして

알고 연습합시다!

1 ① しゅみは　(ピアノ)です。
② せんこうは　(経営)です。
③ 私は　(日本人)です。

2 ① A : カクさんは　(韓国人)ですか。
B : はい、(韓国人)です。
② A : カクさん、しゅみは　(ピアノ)ですか。
B : いいえ、(ピアノ)じゃ　ありません。
(サッカー)です。

3 ０１０－１２３４－５６７８
(ゼロ)(いち)(ゼロ)　の　(いち)(に)(さん)
(よん)　の　(ご)(ろく)(なな)(はち)

4 ① サンタさんの　(しゅみ)は　(旅行)です。
② サンタさんの　(せんこう)は　(経営)です。

5 ① A : キムさんの　しゅみは　何ですか。
B : (サッカー)です。
② A : ソラさんの　しゅみは　何ですか。
B : (読書)です。

들어 봅시다

마루코　カクさん！
곽　あ、まるこさん。(こんにちは)。
마루코　カクさん、(こちらは)　サンタさんです。
산타　はじめまして、サンタです。どうぞ　よろしく。
곽　はじめまして、カクです。経営学科の　(２年生)です。
サンタさんの　せんこうは　(何ですか)。
산타　情報です。情報学科の　(３年生)です。
마루코　サンタさんは　私の　(英語の)　先生です。
산타　まるこさんは　ぼくの　(日本語の)　先生です。

도전합시다!

1 ① カクさんは　日本人です。
② 私は　大学　１年生です。

03 ぼくの　妹です

알고 연습합시다!

1 ① (あれ)は　ビルです。
② (それ)は　車です。

2 ① (あの)　ビル
② (その)　車

3 ① まるこさんの　(ボールペン)です。
② サンタさんの　(彼女)です。

4 ① Q : あれは　だれの　(カバン)ですか。
A : あれは　(カクさん)のです。

5 ① Q : だれですか。
カク : 私の　(父)です。
まるこ : カクさんの　(お父さん)です。

6 ① 私の　家族は　(２人)です。
② 私の　家族は　(５人)です。
③ 私の　家族は　(６人)です。

7 ① ６　(ろく)
② ５　(ご)
③ ９　(きゅう)
④ １７　(じゅうなな)

⑤ ２１　(にじゅういち)
⑥ ３５　(さんじゅうご)
⑦ ７７　(ななじゅうなな)
⑧ １６９(ひゃくろくじゅうきゅう)

8 ① １歳　(いっさい)
② ６歳　(ろくさい)
③ １０歳 (じゅっさい)
④ ２４歳 (にじゅうよんさい)
⑤ ２０歳 (はたち)
⑥ ２９歳 (にじゅうきゅうさい)
⑦ ４５歳 (よんじゅうごさい)
⑧ ９９歳 (きゅうじゅうきゅうさい)

들어 봅시다

마루코　これ、だれの　スマホですか。
산타　あ、(ぼくの　スマホ)です。
마루코　これは　(サンタさんの)　家族ですか。
산타　はい。そうです。これは　ぼくの　妹です。１３歳です。
마루코/곽　わ～、かわいい。
산타　ぼくの　家族は　父と　母と　妹と　ルースです。
곽　ルース？　それは　だれですか。
마루코　サンタさんの　弟さんですか。
산타　(弟)じゃ　ありません。
곽　サンタさんの　(お兄さん)ですか。
산타　いいえ、(兄)じゃ　ありません。ルースは　トナカイです。

도전합시다!

1 ① その　スマホは　まるこさんのです。
② この　ボールペンは　だれのですか。
③ それは　カクさんの　ボールペンじゃ　ありません。

2 ③ チャングの　犬です。

04 何が　好きですか

알고 연습합시다!

1-1 まるこさんは　(ハートさん)が　(好きです)。
サンタさんは　(まるこさん)が　(好きです)。

1-2 ① カクさんは　(すし)が　(きらいです)。
カクさんは　(すし)が　(好きじゃ　ありません。きらいです)。
② サンタさんは　(映画)が　(きらいです)。
サンタさんは　(映画)が　(好きじゃ　ありません。きらいです)。

2-1 ① まるこさんは　(ピアノ)が　(上手です)。
② まるこさんは　(絵)が　(下手です)。

2-2 ① カクさんは　(歌)が　(上手です)。
② サンタさんは　(料理)が　(上手じゃ　ありません。下手です)。

3-1 ① A：どんな　(お酒)が　(好きですか)。
B：私は　(しょうちゅう)が　(好きです)。
② A：どんな　(料理)が　(きらいですか)。
B：私は　(うどん)が　(きらいです)。

3-2 ① A：カクさんは　どんな　スポーツが　(下手ですか)。
B：カクさんは　(スキー)が　(下手です)。
② A：ハートさんは　どんな　スポーツが　(上手ですか)。
B：ハートさんは　(水泳)が　(上手です)。
③ A：サンタさんは　どんな　スポーツが　(下手ですか)。
B：サンタさんは　(サッカー)が　(下手です)。

들어 봅시다

마루코　カクさん、サンタさん、(どんな)　お酒が　(好きですか)。
곽　そうですね。しょうちゅう(が)　好きです。

산타　しょうちゅうは　ちょっと…。私は　ワインが　好きです。

곽　え、ワインですか。ワインは　(あまり　好きじゃ　ありません)。

마루코　じゃ、ビールは　(どうですか)。

곽　ビールですか。好きですよ。

산타　私(も)　ビールが　好きです。

마루코　私も　好きです。あ、あれは　(ビアガーデン)ですよ。

곽　갑시다!

산타　Let' go.

함께합시다

1　맥주(ビール)　와인(ワイン)
초밥(すし)　피자(ピザ)　야구(野球)
축구(サッカー)　요리(料理)　노래(歌)

도전합시다!

1　①私の　母は　料理が　下手です。
②サンタさんは　どんな　スポーツが　好きですか。
③カクさんは　日本の　映画が　好きじゃ　ありません。

05 何が　好きですか

알고 연습합시다!

1　①(時計)が　(ありません)。
②(花)が　(あります)。
③(パソコン)が　(ありません)。

2　①(カクさん)が　(いません)。
②(犬)が　(います)。
③(猫)が　(いません)。

3　①人は　家の　(中)に　います。
②まるこさんは　車の　(前)に　います。
③ポストは　家の　(横)に　あります。
④カクさんは　車の　(後ろ)に　います。

5　①A：部屋の　中に　だれが　(いますか)。
B：(だれ)も　(いません)。
②A：かばんの　中に　何が　(ありますか)。
B：(何)も　(ありません)。
③A：犬小屋の　中に　何が　(いますか)。
B：(何)も　(ありません)。

들어 봅시다

곽　あ、まるこさん(が)　いますよ。

산타　え？　(どこに)　いますか。

곽　車の　横に　いますよ。

산타　え？　…車の　横に　(だれも　いません)。

곽　あ、カフェの　前です。

산타　カフェ？

곽　あ、まるこさんは　ポストの　(後ろです)。

산타　ポスト？　ポストは　どこに　(ありますか)。

곽　え？　…ポストは　…カフェの　(前です)。

산타　カフェの　前に　(何も　ありませんよ)。

곽　えー？　…サンタさん？？

산타　ハハハ。ぼくの　しりょくは　０．０６です。ハハハ…。

도전합시다!

1　①犬は　どこに　いますか。
②車の　中に　だれも　いません。
③けしゴムは　本と　さいふの　間に　あります。

06 週末　何を　しますか

알고 연습합시다!

1

비과거형(현재/미래)		과거형	
話(はな)します 이야기합니다	話(はな)しません 이야기하지 않습니다	話(はな)しました 이야기했습니다	話(はな)しませんでした 이야기하지 않았습니다
遊(あそ)びます 놉니다	遊(あそ)びません 놀지 않습니다	遊(あそ)びました 놀았습니다	遊(あそ)びませんでした 놀지 않았습니다
飲(の)みます 마십니다	飲(の)みません 마시지 않습니다	飲(の)みました 마셨습니다	飲(の)みませんでした 마시지 않았습니다
会(あ)います 만납니다	会(あ)いません 만나지 않습니다	会(あ)いました 만났습니다	会(あ)いませんでした 만나지 않았습니다
行(い)きます 갑니다	行(い)きません 가지 않습니다	行(い)きました 갔습니다	行(い)きませんでした 가지 않았습니다
帰(かえ)ります 돌아갑니다	帰(かえ)りません 돌아가지 않습니다	帰(かえ)りました 돌아갔습니다	帰(かえ)りませんでした 돌아가지 않았습니다
起(お)きます 일어납니다	起(お)きません 일어나지 않습니다	起(お)きました 일어났습니다	起(お)きませんでした 일어나지 않았습니다
来(き)ます 옵니다	来(き)ません 오지 않습니다	来(き)ました 왔습니다	来(き)ませんでした 오지 않았습니다
見(み)ます 봅니다	見(み)ません 보지 않습니다	見(み)ました 봤습니다	見(み)ませんでした 보지 않았습니다
寝(ね)ます 잡니다	寝(ね)ません 자지 않습니다	寝(ね)ました 잤습니다	寝(ね)ませんでした 자지 않았습니다
食(た)べます 먹습니다	食(た)べません 먹지 않습니다	食(た)べました 먹었습니다	食(た)べませんでした 먹지 않았습니다
します 합니다	しません 하지 않습니다	しました 했습니다	しませんでした 하지 않았습니다

2
① Q : 何(なに)を　しますか。
　A : (ビール)を　(飲(の)み)ます。
② Q : だれに　会(あ)いますか。
　A : (友(とも)だち)に　(会(あ)い)ます。
③ Q : 何(なに)を　しますか。
　A : (テレビ)を　(見(み))ます。

② Q : どこで　会(あ)いますか。
　A : (公園(こうえん))で、(会(あ)い)ます。
③ Q : どこで　飲(の)みますか。
　A : (カフェ)で、(飲(の)み)ます。
④ Q : どこで　食(た)べますか。
　A : (レストラン)で、(食(た)べ)ます。

3
① Q : どこで　見(み)ますか。
　A : (映画館(えいがかん))で、(見(み))ます。

4
① (私(わたし)の　家(うち))へ　(帰(かえ)ります)。
② (公園(こうえん))へ　(行(い)きます)。
③ (ここ)へ　(来(き)ます)。

5 ① Q : 何時に　(起き)ますか。
A : (朝　7時はん/30分)に　(起き)ます。
② Q : 何時に　(会い)ますか。
A : (昼　1時)に　(会い)ます。

6 ① Q : きのう　何を　(しましたか)。
A : 映画(を　見ました)。
② Q : 明日　何を　(しますか)。
A : お酒(を　飲みます)。

대화합시다

2 私は　きのう　7時に　起きました。
7時はん(7時30分)に　コーヒーを　飲みました。
8時に　大学へ　行きました。9時に　授業を　聞きました。
12時に　食堂で　昼ごはんを　食べました。
午後、図書館で　勉強を　しました。6時に　うちへ　帰りました。
7時はん(7時30分)に　晩ごはんを　食べました。
10時に　しゅくだいを　しました。
12時に　寝ました。

들어 봅시다

산타　カクさんは　週末　何を　しますか。
곽　週末は　彼女(に)　会います。
先週は　明洞(で)　映画を　見ました。
今週は　カラオケ(に)　行きます。サンタさんは？
산타　昼は　図書館で　(韓国語)の　勉強を　します。
夜は　ホテルで　アルバイトを　します。
곽　へ～、まるこさんは？
마루코　(私ですか)。う～ん…　朝は　そうじを　します。
산타　へ～、そうじですか。
마루코　昼は　読書…を　します。夜は　料理…を　します。
산타　え！　料理ですか。すごいですね。
마루코　えへへへ…。

도전합시다!

1 ① 私は　毎晩　1時に　寝ます。
② 昼は　図書館で　勉強を　します。
③ きのう　7時に　私の　家へ　帰りました。

07 食事を　しに　行きませんか

알고 연습합시다!

2 ① Q : (バレンタインデー)は　何月何日ですか。
A : (にがつ　じゅうよっか)です。
② Q : (誕生日)は　何月何日ですか。
A : (　　　　　　　　)です。

3 ① Q : 何で　買い物を　しますか。
A : (カード)で　します。
② Q : 何で　カレーを　食べますか。
A : (スプーン)で　食べます。

4 ① (公園)に　(ジョギング)を　(し)に　行きます。
② (カフェ)に　(コーヒー)を　(飲み)に　来ます。
③ (私の　家)に　(ごはん)を　(食べ)に　帰ります。

5 ① (ジュースを　飲み)ませんか。
(ジュースを　飲み)ましょう。
② (買い物を　し)ませんか。
(買い物を　し)ましょう。
③ (ポップコーンを　食べ)ませんか。
(ポップコーンを　食べ)ましょう。

2. 연습문제 정답

들어 봅시다

존　まるこさん、今日　(時間)　ありますか。

마루코　ええ、ありますよ。

존　今から　イテウォンに　フランス料理を　(食べに)　行きます。
いっしょに　行きませんか。

마루코　あ…今から…ですか。

존　ぼくの　車で　行きましょう。

마루코　え？　車？

존　(そこに)　あります。(その)　車です。

마루코　わ！ 行きまーす！

산타　まるこさん、まるこさん、帰りますよ。

도전합시다!

1　① 何で　家へ　帰りますか。
② キムさん　何で　学校へ　来ますか。
③ いっしょに　図書館へ　勉強しに　行きませんか。

08 原宿へ　会いたいです

알고 연습합시다!

1　① (そこ)は　学校です。
② (あそこ)は　山です。

2　① カフェは　(どこ)ですか。
カフェは　(そこ)です。
② 公園は　(どこ)ですか。
公園は　(あそこ)です。

3　① ステーキを　食べます。→　ステーキ(が)　(食べ)たいです。
② お酒を　飲みます。→　お酒(が)　(飲み)たいです。

4　① Q：(めがね)は　いくらですか。
A：(ななまんよんせんウォン)です。
② Q：(イヤホン)は　いくらですか。
A：(いちまんきゅうせんはっぴゃくウォン)です。

들어 봅시다

산타　(ここは)　まるこさんの　国だ！
はやく　まるこさんに　会いたいですね。

곽　すみません。モノレールは　どこですか。

통행인　モノレールは　あそこですよ。

곽　(ありがとうございます)。

곽　あの、すみません。原宿(まで)　いくらですか。

역무원　土曜日は　５００円です。

곽　(どうも)。

산타　カクさん、あれは　(何ですか)。

곽　レインボーブリッジです。

산타　まるこさんと　あそこに　(行きたいですね)。

도전합시다!

1　① トイレは　どこですか。
② その　かばんは　いくらですか。
③ アメリカで　勉強が　したいです。

09 いい　ところですね

알고 연습합시다!

1

기본형	긍정형	부정형
あつい 덥다, 뜨겁다	あついです 덥습니다, 뜨겁습니다	あつくないです 덥지 않습니다, 뜨겁지 않습니다
寒(さむ)い 춥다	寒(さむ)いです 춥습니다	寒(さむ)くないです 춥지 않습니다
やさしい 상냥하다, 쉽다	やさしいです 상냥합니다, 쉽습니다	やさしくないです 상냥하지 않습니다, 쉽지 않습니다
むずかしい 어렵다	むずかしいです 어렵습니다	むずかしくないです 어렵지 않습니다
おいしい 맛있다	おいしいです 맛있습니다	おいしくないです 맛있지 않습니다
かわいい 귀엽다	かわいいです 귀엽습니다	かわいくないです 귀엽지 않습니다
おもしろい 재미있다	おもしろいです 재미있습니다	おもしろくないです 재미있지 않습니다
高(たか)い 높다, 비싸다	高(たか)いです 높습니다, 비쌉다	高(たか)くないです 높지 않습니다, 비싸지 않습니다
安(やす)い 싸다	安(やす)いです 쌉니다	安(やす)くないです 싸지 않습니다
大(おお)きい 크다	大(おお)きいです 큽니다	大(おお)きくないです 크지 않습니다
小(ちい)さい 작다	小(ちい)さいです 작습니다	小(ちい)さくないです 작지 않습니다
近(ちか)い 가깝다	近(ちか)いです 가깝습니다	近(ちか)くないです 가깝지 않습니다
とおい 멀다	とおいです 멉니다	とおくないです 멀지 않습니다
いい/よい 좋다	いいです/よいです 좋습니다	よくないです 좋지 않습니다
悪(わる)い 나쁘다	悪(わる)いです 나쁩니다	悪(わる)くないです 나쁘지 않습니다
忙(いそが)しい 바쁘다	忙(いそが)しいです 바쁩니다	忙(いそが)しくないです 바쁘지 않습니다
ほしい 갖고 싶다	ほしいです 갖고 싶습니다	ほしくないです 갖고 싶지 않습니다

2. 연습문제 정답

2
① Q : 忙(いそが)しいですか。
A : (はい、忙(いそが)しいです)。
② Q : いいですか。
A : (いいえ、よくないです)。
③ Q : 高(たか)いですか。
A : (いいえ、高(たか)くないです)。
④ Q : おもしろいですか。
A : (いいえ、おもしろくないです)。
⑤ Q : ほしいですか。
A : (いいえ、ほしくないです)。

3

기본형	긍정형	부정형
元気(げんき) 활발함, 건강함	元気(げんき)です 활발합니다, 건강합니다	元気(げんき)では(じゃ)ありません 활발하지 않습니다, 건강하지 않습니다
にぎやか 번화함	にぎやかです 번화합니다	にぎやかでは(じゃ)ありません 번화하지 않습니다
きれい 예쁨, 깨끗함	きれいです 예쁩니다, 깨끗합니다	きれいでは(じゃ)ありません 예쁘지 않습니다, 깨끗하지 않습니다
ハンサム 잘생김	ハンサムです 잘생겼습니다	ハンサムではありません(じゃありません) 잘생기지 않습니다
大変(たいへん) 힘듦	大変(たいへん)です 힘듭니다	大変(たいへん)では(じゃ)ありません 힘들지 않습니다
かんたん 간단함	かんたんです 간단합니다	かんたんでは(じゃ)ありません 간단하지 않습니다
便利(べんり) 편리함	便利(べんり)です 편리합니다	便利(べんり)では(じゃ)ありません 편리하지 않습니다
ひま 한가함	ひまです 한가합니다	ひまでは(じゃ)ありません 한가하지 않습니다
有名(ゆうめい) 유명함	有名(ゆうめい) です 유명합니다	有名(ゆうめい)では(じゃ)ありません 유명하지 않습니다
親切(しんせつ) 친절함	親切(しんせつ)です 친절합니다	親切(しんせつ)では(じゃ)ありません 친절하지 않습니다
静(しず)か 조용함	静(しず)かです 조용합니다	静(しず)かでは(じゃ)ありません 조용하지 않습니다
すてき 멋짐, 훌륭함	すてきです 멋집니다, 훌륭합니다	すてきでは(じゃ)ありません 멋지지 않습니다, 훌륭하지 않습니다

4
① Q : かんたんですか。
A : (はい、かんたんです)。
② Q : 元気(げんき)ですか。
A : (いいえ、元気(げんき)じゃありません)。
③ Q : きれいですか。
A : (はい、きれいです)。
④ Q : ハンサムですか。
A : (いいえ、ハンサムじゃありません)。
⑤ Q : 便利(べんり)ですか。
A : (いいえ、便利(べんり)じゃありません)。

5
① (悪(わる)い　人(ひと))です。
② (親切(しんせつ)な　店員(てんいん))です。
③ (高(たか)い　ビル)です。
④ (にぎやかな　ところ)です。

6
① Q : どんな　店(みせ)ですか。
A : (おいしくて　有名(ゆうめい)な)　店(みせ)です。

② Q : どんな　公園(こうえん)ですか。
　A : (静(しず)かで　きれいな)　公園(こうえん)です。
③ Q : どんな　仕事(しごと)ですか。
　A : (忙(いそが)しくて　大変(たいへん)な)　仕事(しごと)です。

들어 봅시다

산타　まるこさん、かわいいですよ。
마루코　ふたりの　ゆかたも　いいですよ。
　　あ、私(わたし)は　(ここ)です。
　　カクさんと　サンタさんは　(あそこ)です。
　　じゃ、7時(しちじ)に　食堂(しょくどう)で　会(あ)いましょう。

곽　静(しず)かで　いい　ところですね。
산타　今日(きょう)は　人(ひと)が　(少(すく)ない)ですね。
　　山(やま)も　高(たか)くて　きれいですよ。

곽　サンタさん、日本(にほん)では　さるも　温泉(おんせん)に　入(はい)りますよ。
산타　え～！(見(み)に　行(い)きたい)ですね。

곽　まるこさん、さるの　温泉(おんせん)は　ここから　近(ちか)いですか。
마루코　いいえ、近(ちか)くないです。電車(でんしゃ)で　3時間(さんじかん)ぐらいです。
산타　え～！(とおい)ですね。

도전합시다!

1　① この　レストランは　高(たか)くないです。
　② その　店(みせ)は　安(やす)くて　おいしいです。
　③ 東京(とうきょう)は　きれいで　にぎやかな　まちです。

10 ディズニーランドは　おもしろかったです

알고 연습합시다!

1-1

기본형	과거 긍정형	과거 부정형
あつい 덥다, 뜨겁다	あつかったです 더웠습니다, 뜨거웠습니다	あつくなかったです 덥지 않았습니다, 뜨겁지 않았습니다
寒(さむ)い 춥다	寒(さむ)かったです 추웠습니다	寒(さむ)くなかったです 춥지 않았습니다
やさしい 상냥하다, 쉽다	やさしかったです 상냥했습니다, 쉬웠습니다	やさしくなかったです 상냥하지 않았습니다, 쉽지 않았습니다
むずかしい 어렵다	むずかしかったです 어려웠습니다	むずかしくなかったです 어렵지 않았습니다
おいしい 맛있다	おいしかったです 맛있었습니다	おいしくなかったです 맛있지 않았습니다
かわいい 귀엽다	かわいかったです 귀여웠습니다	かわいくなかったです 귀엽지 않았습니다
おもしろい 재미있다	おもしろかったです 재미있었습니다	おもしろくなかったです 재미있지 않았습니다
高(たか)い 높다, 비싸다	高(たか)かったです 높았습니다, 비쌌습니다	高(たか)くなかったです 높지 않았습니다, 비싸지 않았습니다

2. 연습문제 정답

安い(やす) 싸다	安かったです(やす) 쌌습니다	安くなかったです(やす) 싸지 않았습니다
大きい(おお) 크다	大きかったです(おお) 컸습니다	大きくなかったです(おお) 크지 않았습니다
小さい(ちい) 작다	小さかったです(ちい) 작았습니다	小さくなかったです(ちい) 작지 않았습니다
近い(ちか) 가깝다	近かったです(ちか) 가까웠습니다	近くなかったです(ちか) 가깝지 않습니다
とおい 멀다	とおかったです 멀었습니다	とおくなかったです 멀지 않았았습니다
いい/よい 좋다	よかったです 좋았습니다	よくなかったです 좋지 않았습니다
悪い(わる) 나쁘다	悪かったです(わる) 나빴니다	悪くなかったです(わる) 나쁘지 않았습니다
忙しい(いそが) 바쁘다	忙しかったです(いそが) 바빴니다	忙しくなかったです(いそが) 바쁘지 않았습니다
ほしい 갖고 싶다	ほしかったです 갖고 싶었습니다	ほしくなかったです 갖고 싶지 않았습니다

1-2 ① ラーメンは (おいしかったです)。

② 仕事(しごと)は (忙(いそが)しかったです)。

③ テストは (むずかしかったです)。

1-3 ① Q : 高(たか)かったですか。

A : (はい、高(たか)かったです)。

② Q : むずかしかったですか。

A : (はい、むずかしかったです)。

2-1

기본형	과거 긍정형	과거 부정형
元気(げんき) 활발함, 건강함	元気(げんき)でした 활발했습니다, 건강했습니다	元気(げんき)では(じゃ)ありませんでした 활발하지 않았습니다, 건강하지 않았습니다
にぎやか 번화함	にぎやかでした 번화했습니다	にぎやかでは(じゃ)ありませんでした 번화하지 않았습니다
きれい 예쁨, 깨끗함	きれいでした 예뻤습니다, 깨끗했습니다	きれいでは(じゃ)ありませんでした 예쁘지 않았습니다, 깨끗하지 않았습니다
ハンサム 잘생김	ハンサムでした 잘생겼었습니다	ハンサムでは(じゃ)ありませんでした 잘생기지 않았습니다
大変(たいへん) 힘듦	大変(たいへん)でした 힘들었습니다	大変(たいへん)では(じゃ)ありませんでした 힘들지 않았습니다
かんたん 간단함	かんたんでした 간단했습니다	かんたんでは(じゃ)ありませんでした 간단하지 않았습니다
便利(べんり) 편리함	便利(べんり)でした 편리했습니다	便利(べんり)では(じゃ)ありませんでした 편리하지 않았습니다
ひま 한가함	ひまでした 한가했습니다	ひまでは(じゃ)ありませんでした 한가하지 않았습니다

有名(ゆうめい) 유명함	有名(ゆうめい)でした 유명했습니다	有名(ゆうめい)では(じゃ)ありませんでした 유명하지 않았습니다
親切(しんせつ) 친절함	親切(しんせつ)でした 친절했습니다	親切(しんせつ)では(じゃ)ありませんでした 친절하지 않았습니다
静(しず)か 조용함	静(しず)かでした 조용했습니다	静(しず)かでは(じゃ)ありませんでした 조용하지 않았습니다
すてき 멋짐, 훌륭함	すてきでした 멋졌습니다, 훌륭했습니다	すてきでは(じゃ)ありませんでした 멋지지 않았습니다, 훌륭하지 않았습니다

2-2 ① 図書館(としょかん)は　(静(しず)かでした)。
② クリスマスは　(にぎやかでした)。
③ まりさんは　(親切(しんせつ)でした)。
④ ふじさんは　(きれいでした)。

2-3 ① Q : テストは　かんたんでしたか。
A : (はい、かんたんでした)。
② Q : きのうは　ひまでしたか。
A : (いいえ、ひまでは(じゃ)ありませんでした)。
③ Q : 町(まち)は　便利(べんり)でしたか。
A : (いいえ、便利(べんり)では(じゃ)ありませんでした)。
④ Q : 店(みせ)は　にぎやかでしたか。
A : (はい、にぎやかでした)。

3 ① 昔(むかし)は　背が　(低(ひく)かったです)が、今(いま)は　(高(たか)いです)。
② 昔(むかし)は　かみが　(短(みじか)かったです)が、今(いま)は　(長(なが)いです)。

들어 봅시다

존　まるこさん、それ…コスプレですか。
마루코　ええ、これは　東京(とうきょう)ディズニーランドで　買(か)いました。どうですか。
존　か…かわいいですよ。
마루코　ありがとう。
존　(だれと)　ディズニーランドに　行(い)きましたか。
마루코　カクさんと　サンタさと、(３人(さんにん)で)　行(い)きました。
존　そうですか。(おもしろかったですか)。
마루코　ええ、とても　(楽(たの)しかったです)。でも、人(ひと)が　多(おお)かったです。
존　日本(にほん)で　温泉(おんせん)に　(行(い)きましたか)。
마루코　はい、きれい(で)、静(しず)か(な)　温泉(おんせん)でした。
존　へ～、ぼくも　行(い)きたいですね。

도전합시다!

1 ① お昼(ひる)ごはんは　安(やす)くて　おいしかったです。
② 東京(とうきょう)は　どうでしたか。
③ 私(わたし)の　おじいさんは　元気(げんき)で　にぎやかでした。

3. 해석

01 처음 뵙겠습니다

대화합시다

1 A : 처음 뵙겠습니다. 저는 리입니다. 잘 부탁합니다.
B : 처음 뵙겠습니다. 김입니다. 저야말로 잘 부탁합니다.

2 야마다 윤 씨, 이쪽은 김 씨입니다.
김 처음 뵙겠습니다. 김입니다.
한국 대학 학생입니다.
경영학과 3학년입니다. 잘 부탁합니다.
윤 윤입니다. 한국 대학 학생입니다.
일본어학과 2학년입니다.

들어 봅시다

마루코 곽 씨!
곽 아, 마루코 씨. 안녕하세요?
마루코 곽 씨, 이쪽은 산타 씨예요.
산타 처음 뵙겠습니다, 산타입니다. 잘 부탁해요.
곽 처음 뵙겠습니다, 곽입니다. 경영학과 2학년이에요.
산타 씨의 전공은 무엇인가요?
산타 정보입니다. 정보학과 3학년이에요.
마루코 산타 씨는 제 영어 선생님이에요.
산타 마루코 씨는 제 일본어 선생님이에요.

03 제 여동생입니다

대화합시다

1 A : 야마다 씨의 전공은?
B : 경영입니다.
A : 야마다 씨의 나이는?
B : 22살입니다.

2 제 가족은 아버지와 어머니와 여동생과 저 4명입니다.
아버지는 회사원입니다. 어머니는 공무원입니다.

들어 봅시다

마루코 이건, 누구의 스마트폰인가요?
산타 아, 제 스마트폰이에요.
마루코 이건 산타 씨 가족인가요?
산타 네. 그렇습니다. 이것은 제 여동생입니다. 13살이에요.
마루코/곽 와, 귀엽다.
산타 저희 가족은 아버지와 어머니와 여동생과 루스예요.
곽 루스? 그것은 누군가요?
마루코 산타 씨의 남동생인가요?
산타 남동생이 아니에요.
곽 산타 씨 형님인가요?
산타 아니요, 형이 아니에요.
루스는 순록이에요.

04 무엇을 좋아합니까?

들어 봅시다

마루코 곽 씨, 산타 씨, 어떤 술을 좋아하나요?
곽 글쎄요. 소주를 좋아해요.
산타 소주는 좀…. 저는 와인을 좋아해요.
곽 에, 와인 말인가요? 와인은 별로 좋아하지 않아요.
마루코 그럼, 맥주는 어떤 가요?
곽 맥주 말인가요? 좋아해요.
산타 저도 맥주를 좋아해요.
마루코 저도 좋아해요. 아, 저건 비어가든이네요.
곽 갑시다!
산타 Let' go.

05 어디에 있습니까?

들어 봅시다

곽 아, 마루코가 있어요.
산타 엣? 어디에 있나요?
곽 자동차 옆에 있어요.
산타 엣? …자동차 옆에 아무도 없어요.
곽 아, 카페 앞이에요.
산타 카페?
곽 아, 마루코는 우체통 뒤에요.
산타 우체통? 우체통은 어디에 있나요?
곽 엣? …우체통은 …카페 앞이에요.
산타 카페 앞에 아무것도 없어요.
곽 에~? …산타??
산타 하하하. 제 시력은 0.06이에요. 하하하….

06 주말에 무엇을 합니까?

대화합시다

1 A : (　　　) 씨, 일요일에 무엇을 합니까?
B : 아르바이트를 합니다.
(　　　) 씨는?
A : 저는 집에서 잡니다.

2 저는 어제 7시에 일어났습니다.
7시 반(7시 30분)에 커피를 마셨습니다.
8시에 대학에 갔습니다. 9시에 수업을 들었습니다.

12시에 식당에서 점심 식사를 먹었습니다.
오후, 도서관에서 공부를 했습니다.
6시에 집에 돌아왔습니다.
7시 반(7시 30분)에 저녁 식사를 했습니다.
10시에 숙제를 했습니다. 12시에 잤습니다.

들어 봅시다

산타　곽 씨는 주말에 무엇을 합니까?
곽　주말에는 여자 친구를 만나요.
지난주에는 명동에서 영화를 봤어요.
이번 주는 가라오케(노래방)에 갑니다. 산타 씨는?
산타　낮에는 도서관에서 한국어 공부를 해요.
밤에는 호텔에서 아르바이트를 해요.
곽　헤에~, 마루코 씨는?
마루코　저 말인가요? 음~ 아침에는 청소를 합니다.
산타　헤에~, 청소 말인가요?
마루코　낮에는 독서…를 해요. 밤에는 요리…를 해요.
산타　엣! 요리 말인가요? 굉장하네요.
마루코　에헤헤헤….

07 식사를 하러 가지 않을래요?

대화합시다

1　A : 이태원에 식사를 하러 가지 않을래요?
B : 좋아요. 갑시다.
언제 가나요?
A : 토요일에 갑시다.
B : 좋아요.
몇 시에 만나나요?
A : 7시에 만납시다.
B : 좋아요. / 7시는 좀….

들어 봅시다

존　마루코 씨, 오늘 시간 있어요?
마루코　네, 있어요.
존　지금부터 이태원에 프랑스 요리를 먹으러 갑니다.
함께 가지 않을래요?
마루코　아…지금부터…말인가요?
존　제 차로 갑시다.
마루코　엣? 차?
존　거기에 있어요. 그 차예요.
마루코　와! 갑니다!
산타　마루코 씨, 마루코 씨 집에 가요.

08 하라주쿠에서 만나고 싶어요

대화합시다

1　A : 여기는 선물 가게입니다.
B : 저~ 가방 가게는 있나요?
A : 가방 가게는 거기입니다. 선물 가게 앞이에요.
B : 고맙습니다.

2　A : 실례합니다. 이 모자 얼마인가요?
B : 2,050엔입니다.

3　A : 김 씨, 어디로 여행을 가고 싶나요?
B : 오사카에 가고 싶어요.
A : 오사카에서 무엇을 하고 싶나요?
B : 오코노미야키를 먹고 싶어요.
리 씨는?
A : 저는 교토에 가고 싶어요.
교토에서 절을 보고 싶어요.

들어 봅시다

산타　여기는 마루코 씨의 나라다!
빨리 마루코 씨를 만나고 싶네요.

곽　실례합니다. 모노레일은 어디에 있나요?
통행인　모노레일은 저기예요.
곽　고맙습니다.

곽　저, 실례합니다. 하라주쿠까지 얼마인가요?
역무원　토요일은 500엔입니다.
곽　고맙습니다.

산타　곽 씨, 저것은 무엇인가요?
곽　레인보우브릿지예요.
산타　마루코 씨와 저곳에 가고 싶네요.

09 좋은 곳이네요

대화합시다

1　A : 김 씨, 이 파우치는 어떻습니까?
B : 좋네요. 얼마인가요?
A : 600엔입니다.
B : 싸네요. / 비싸네요.

2　A : 어떤 남자 친구·여자 친구를 갖고 싶나요?
B : 글쎄요. 잘 생기고 상냥한 남자 친구·여자 친구를 갖고 싶어요.

A : 그렇습니까? 저는 귀엽고 상냥한 남자 친구 · 여자 친구를 갖고 싶어요.
B : 헤에, 그렇습니까?

들어 봅시다

산타 마루코 씨, 귀여워요.
마루코 두 사람의 유카타도 좋아요.
아, 저는 이곳이에요.
곽 씨와 산타 씨는 저곳이에요.
그럼, 7시에 식당에서 만납시다.

곽 조용하고 좋은 곳이네요.
산타 오늘은 사람이 적네요.
산도 높고 예쁘네요.
곽 산타 씨, 일본에서는 원숭이도 온천에 들어와요.
산타 예에! 보러 가고 싶네요.

곽 마루코 씨, 원숭이 온천은 여기에서 가깝나요?
마루코 아니요, 가깝지 않아요. 전철로 3시간 정도예요.
산타 에~! 멀군요.

10 디즈니랜드는 재미있었습니다

대화합시다

1 A : 여름방학에 도쿄에 갔습니다.
B : 도쿄는 어땠나요?
A : 재미있었습니다.
B : 먹을 것은 어땠나요?
A : 매우 맛있었습니다.

2 A : 곽 씨는 어릴 때 어떤 사람이었습니까?
B : 성실했습니다. 산타 씨는 어땠습니까?
A : 저는 활발하고 재미있는 아이였습니다.
B : 그렇습니까?

들어 봅시다

존 마루코 씨, 그거… 코스프레인가요?
마루코 네, 이거 도쿄디즈니랜드에서 샀어요.
어때요?
존 귀…여워요.
마루코 고마워요.
존 누구와 디즈니랜드에 갔나요?
마루코 곽 씨와 산타 씨와 3명이서 갔어요.
존 그래요? 재미있었나요?
마루코 네, 매우 재미있었어요.
하지만 사람이 많았어요.
존 일본에서 온천에 갔었나요?
마루코 네, 예쁘고 조용한 온천이었어요.
존 헤~, 저도 가고 싶네요.

4. 색인

※2과~10과 사이의 신출어휘를 정리했습니다. 마지막 숫자는 어휘가 처음 나온 과를 나타냅니다.

あ

4. 색인

か

さ

4. 색인

た

4. 색인

な

は

4. 색인

ま

や

ら

わ

Memo

Memo

함께 즐기는 초급일본어

지은이 구라모치 가오루, 나고 마리, 세키 요우코, 가마다 미호
펴낸이 정규도
펴낸곳 (주)다락원

초판 1쇄 발행 2016년 8월 10일
초판 5쇄 발행 2025년 9월 26일

편집 송화록, 한누리
디자인 정현석, 김성희, 이승현

다락원 경기도 파주시 문발로 211
내용문의: (02)736-2031 내선 460~465
구입문의: (02)736-2031 내선 250~252
Fax: (02)732-2037
출판등록 1977년 9월 16일 제406-2008-000007호

ISBN 978-89-277-1131-5 18730

http://www.darakwon.co.kr

- 다락원 홈페이지를 방문하시면 상세한 출판 정보와 함께 동영상강좌, MP3 자료 등 다양한 어학 정보를 얻으실 수 있습니다.
- 다락원 홈페이지 또는 표지의 QR코드를 스캔하시면 MP3 파일 및 관련자료를 다운로드 하실 수 있습니다.